U0502502

支付的故事

[英] 戈特弗里德·莱伯兰特
（Gottfried Leibbrandt）
娜塔莎·德特兰 ◎著
（Natasha de Terán）

李同良◎译

THE PAY OFF

HOW CHANGING THE WAY WE PAY CHANGES EVERYTHING

中国科学技术出版社
·北 京·

THE PAY OFF: HOW CHANGING THE WAY WE PAY CHANGES EVERYTHING
by GOTTFRIED LEIBBRANDT AND NATASHA DE TERAN
Copyright: © Gottfried Leibbrandt and Natasha de Terán 2021
This edition arranged with Elliott & Thompson and Louisa Pritchard Associates
through BIG APPLE AGENCY, LABUAN, MALAYSIA.
Simplified Chinese edition copyright:
2023 China Science and Technology Press Co., Ltd.
All rights reserved.

北京市版权局著作权合同登记　图字：01-2022-3563。

图书在版编目（CIP）数据

支付的故事 /（英）戈特弗里德·莱伯兰特,（英）
娜塔莎·德特兰著；李同良译 . — 北京：中国科学技
术出版社，2023.1
书名原文：The Pay Off: How Changing the Way We
Pay Changes Everything
ISBN 978-7-5046-9820-9

Ⅰ.①支… Ⅱ.①戈… ②娜… ③李… Ⅲ.①支付方
式 Ⅳ.① F830.73

中国版本图书馆 CIP 数据核字（2022）第 199865 号

策划编辑	申永刚　方　理	**责任编辑**	刘　畅
封面设计	仙境设计	**版式设计**	蚂蚁设计
责任校对	吕传新	**责任印制**	李晓霖

出　　版	中国科学技术出版社
发　　行	中国科学技术出版社有限公司发行部
地　　址	北京市海淀区中关村南大街 16 号
邮　　编	100081
发行电话	010-62173865
传　　真	010-62173081
网　　址	http://www.cspbooks.com.cn

开　　本	880mm×1230mm　1/32
字　　数	192 千字
印　　张	9.375
版　　次	2023 年 1 月第 1 版
印　　次	2023 年 1 月第 1 次印刷
印　　刷	北京盛通印刷股份有限公司
书　　号	ISBN 978-7-5046-9820-9/F·1062
定　　价	79.00 元

目录

第三部分 | 地 理
079

第四部分 | 经济性
109

第五部分 | 大 钱
129

第六部分 | 科技革命
183

第七部分 | 政治与监管
239

你最近一次支付是什么时候？

时间不可能太久：人们平均每天都会有一次支付活动。事实上，绝大多数人的支付活动次数远不止于此。然而，你可曾想过，支付过程中都发生了什么？

支付活动是免费的吗？你付钱时，谁看到了，他们在这个过程中得到了多少信息？资金是如何流动的？对方是什么时候收到钱的？他们收到了多少钱？整个过程中有多少组织、机器或人员参与？他们是如何联系在一起的？谁给他们发薪水？谁控制着他们？如果该系统停止运转会发生什么？

如果留意的话，你会发现支付无处不在。当然，在收银台付款时，你可以使用钞票及硬币、银行卡或者手机。在线支付时，你可以将虚拟购物车带到虚拟收银台并使用虚拟银行卡付费。当你的月租、贷款以及水电费通过定期付款或者借记卡直接扣除时，你的支付活动不那么明显。你在亚马逊上付费看电影或者通过优步打车出行时的支付更不易察觉。毫无疑问，一些最聪明的大脑正在努力使我们的支付变得更加便捷。

有人认为，货币是使当今社会能够以超越史前部落的规模进行运转的三个关键抽象概念之一（另外两个是宗教与书写）。即使我们对货币作用的看法各不相同，但都认为它很重要。货币的终极目的是使用，即用来支付，这就是为什么我们都应该了解一点支付系统工作原理。

支付系统可能不那么引人注目，但十分强大，且极为重要：支付方式真实而深刻地影响着我们的生活。支付正确，经济活跃；支付错误，经济停滞。没有支付，钱就发挥不了作用，我们的经济和社会可能停滞不前。想一想，如果货架上没有食物，加油站没有汽油，电网没有电，这样的情形会有多么可怕。记住美国记者阿尔弗雷德·亨利·刘易斯（Alfred Henry Lewis）的话："人类和无政府状态之间只差九顿饭。"可以说，遏止法律和秩序全面崩溃的不是那条细细的蓝线①，而是支付系统。

支付系统的丰富性和重要性使其在任何时候都值得关注，但现在尤其值得探索，因为现在的支付比以往任何时候都更令人兴奋。变化正在迅速发生——在各国，甚至各大洲，资金正以前所未有的势头涌入支付行业。

支付可能是一种简单、即时的行为，但我们今天所选择的支付方式将产生深远的影响。我们的支付方式正在改变，我们使用的支付工具也在改变。这些变化拓展了我们的钱包的范围：新的支付方式使我们能够以前所未有的方式在任何地方进行消费和借

---

① 细细的蓝线指警察，美国许多警察部门的制服是蓝色的。——译者注

贷。所有这一切都太重要了，不能忽视，也不能只等着专家来解决，这就是本书试图对其进行探讨的原因。

支付方式的改变带来了机遇，同时也带来了风险。技术正在改变全球的支付方式，但却没有一个一劳永逸、放之四海而皆准的解决方案，而且风险颇高。

我们的社会是一个货币社会，因此，它赖以生存的基础是每个人都能够使用货币。而支付方式的选择决定了我们是否、在哪里及如何参与其中。要想使用货币，你就必须会转移货币——但如果我们选择的支付方式导致资金在社会的某些领域无法转移时该怎么办？如果拥有数字特权的大都市居民都受到了无现金选择的困扰，那么，农村居民、穷人、老年人等数字社区的弱势人群又该怎么办？如果有些人没有办法支付或者收款，那他们会受到什么影响呢？

然后，还有教育和节俭的问题。如果孩子们再也摸不到钱了，我们该如何教他们有关钱的知识呢？如果我们再也看不到数字，更不用说体验付款的痛苦，我们该如何做预算？那些试图进军支付行业的人，那些在疯狂的人群中受到冲击的实践者，甚至那些投资和监管支付业务的人，都还没有很好地理解支付业务拆分与重组的后果。

我们的支付方式决定了谁有权访问我们的数据，支付时面临哪些风险以及我们"付费支付"的金额。这是因为不仅付款方式在变化，而且支持它们的系统及这些系统的所有者也在变化。除此之外，支付系统相关的经济因素在变化，其背后的权力也在变化。从中央银行到社交媒体巨头，都在对我们支付方式的每一个环节展开竞争。我们所做的每一个平凡的支付选择都决定着支付的未来：总体而言，我们的选择将决定哪些群体从支付中获利和获利多少，谁"拥有"支付系统和如何行使他们的权力。这些变化的影响和后果是巨大的——可以说是无法估量的。

然后是支付系统的丰富性。个人的、平淡无奇的支付可能是个人层面的，但它们也具有强大的政治性，而且往往从整体上来讲有悖常理。支付系统具有全球性，但它的规约却具有强烈的地域特征。支付行为是即时的，但收到付款的速度往往慢得令人沮丧。这是一项由多边公约约束的双边行为。支付既是实践也是过程，它可以是虚拟的或者有形的，数字的或者模拟的，古老的或尖端的——有时两者同时存在。支票可能是老式的，但需要最新的成像技术来对它们进行处理。

支付市场（可以说根本不是一个市场）既集中又分散。200多个国家约25000家银行都可以开展支付业务，但几乎每一笔跨境支付都是由15家银行实现的。支付涉及大量不同的技术，但每一笔支付所使用的技术只有几种。支付网络既单一又复杂，像互联网那样，它是一个将数量惊人的子系统串联在一起的单一系统。

该系统十分庞大，其子系统更是不计其数。最基本的支付方式——现金交易的数量和规模没有硬数据。支付可以是匿名的或者可追踪的，但若是加密货币^①，则可以同时实现：比特币交易是匿名的，但对所有人都可见。支付系统既透明又不透明，既干净又肮脏，好人使用它，坏人也使用它。

支付充斥着国际阴谋、地缘政治、抢劫和法庭闹剧，可谓无所不包。

为了犯罪所得，有人疯狂地利用高新技术或者低端技术尝试破坏支付系统。还记得电影《虎胆龙威3：纽约大劫案（1995）》（*Die Hard with a Vengeance*）中坏人试图从纽约联邦储备银行偷走黄金的情节吗？高盛的一个微不足道的小助理竟然利用一本简陋的支票簿，在银行两位高级合伙人的眼皮底下偷走了数百万英镑。而钻石大亨尼拉夫·莫迪（Nirav Modi）利用一种神秘的支付工具和一名银行"内鬼"，从印度旁遮普国家银行（Punjab National Bank）骗取了15亿美元。作为通往金钱的门户，支付系统永远都是坏人作案的目标。

支付系统之所以重要，不只因为其拥有的功能，还因为其汇集的信息：对支付数据感兴趣的人很多，包括想要利用其谋取经济利益的人、追踪恐怖分子或军火商的机构、寻求商业或地缘政治优势的国际势力及追捕逃税者的政府机构——当然还有那些彼此猜忌、准备跟对方摊牌的配偶。相对来说，我们的支付数据远

---

① 加密货币（如比特币）是仅以电子方式存在的"货币"，使用安全技术，基于点对点或无中央权限的分散系统。

没有像我们的其他个人信息那样被广泛使用，这部分要归功于隐私法、所有权限制以及收集和组织材料的难度。但在利益、权力和政治都岌岌可危的情况下，不要指望这种情形会永远保持下去。

在过去的几个世纪里，支付和存款功能一直是一体的。银行"拥有"支付系统，享受了这两项功能带来的丰厚利润。但银行并未获得支付的神圣权利。支付涉及风险、流动性、技术、网络和约定。银行在前两项中表现不错，在后两项中表现一般，并且在第五项中表现得并不比其他任何机构好。科技公司则可以说是银行的对照。它们最擅长的是技术和网络，善于构建约定，但在风险和流动性方面并没有特别的专长。尽管如此，它们现在仍然急于进军支付行业。凭借其网络实力和营销意识，它们正在将支付与存款分开，并在此过程中改变我们的支付习惯，促进了商业的发展。但对于支付与其他银行业务分离带来的其他后果，人们却思考得很少。

金钱世界应该如何运转与其实际如何运转之间存在一条鸿沟，恰恰是在这条鸿沟中会发生一些事情，而我们最终会为此付出代价。正如战争非常重要，不能只由将军决定；金钱和支付也非常重要，不能只由专家决定。对于我们的日常生活来说，货币世界中没有任何一部分比支付更为重要，但不幸的是，人们对它的关注却较少。我们希望通过这本书来弥补这一点，缩小我们对支付的依赖和我们对支付的认识之间的差距。

第一部分

转移资金

第1章

什么是支付？

在南威尔士朗达卡农山谷的高处，有一座名为佩尼沃恩的村庄，那里居住着大约1500人。此处为英国经济最贫困的地区之一，由于地形原因，出入村子只有两个方向：向上或向下。该村有邮局、杂货店和咖啡馆，此外再无其他商业活动场所。获取现金对大多数居民来说至关重要，但邮局是唯一可获取现金的地方，而它只在工作日和周六上午营业。最近的自动取款机在2千米之外，开车需要10分钟，一个精力充沛的人步行来回需要足足一个小时。由于一半的家庭没有汽车，并且大约三分之一的住户因疾病或残疾行动不便，去自动取款机取钱自然不是所有人的选择。当然可以乘坐公交车，但这又给人们增添了一项额外的开支，也给当地的经济带来了压力——想一想，取钱之后，人们更愿意把钱花在哪里？是在自动取款机附近，还是在需要钱的村子里？[①]

在伦敦市中心，自动取款机并不短缺，但这对朱利安·阿桑奇在2010年因在瑞典面临指控而向英国警方自首没有什么帮助。阿桑奇还因"电报门"在美国被通缉：他创立的组织"维基解密"已经发布了数十万条美国国务院与美国驻外大使馆之间相互发送的机密信息。正是由于这个原因，贝宝（PayPal）、维萨、万事达和其他公司开始拒绝处理针对维基解密的捐赠。[②]由于无法获得资金，该组织和阿桑奇都无法支付账单，尤其是支付托管泄密信息服务器的费用。不管你怎么看阿桑奇和维基解密，他当时只是被指控犯罪。这与金钱无关，也没有进入实际的司法程序，但私人公司却选择取消了他的支付权利。除了阿桑奇和维基解密，InfoWars（美国极右翼的"新闻"网站）网站也受到了类似的"支付封锁"。不管你怎么看这些事情，你都应明白，这样的举措无疑是将审查权交给了私营企业。

对我们绝大多数人来说，支付权利不太可能是我们首要担心的事情——甚至不是我们想要考虑的问题。比如，你可曾真正担心过你或者其他人能够付款或者收款？相较于此，我们其实更关

---

① 佩尼沃恩是一个研究项目的研究对象，布里斯托大学负责其中"获取现金的地理分布"报告的撰写。

② 这件事发生在阿桑奇躲在厄瓜多尔驻伦敦大使馆七年（2012年至2019年）之前。

心基本收入、债务、储蓄、养老金和贫困问题，无论这些问题是否影响到了你个人，它们都是你每天听到的广受关注又深入人心的话题。

那么，从威尔士乡村居民到国际嫌疑犯，对每个人来说都至关重要的支付究竟是什么？

伯特兰·罗素（Bertrand Russell）在其名著《数学原理》（*Princia Mathematica*）中，竟然用前700页来定义数字"1"。就像数字"1"那样，支付的概念似乎很明显，即金钱从一方流向另一方的行为。不过，当然，并不止于此。本书不会给出冗长、正式的定义，但从法律角度来简单地认识一下支付究竟是什么还是大有裨益的。

在法律上，支付是"清偿债务的一种方式"。令人痛苦的是，债务虽然可以用"一磅肉"来偿还[1]，或者，如果你热衷于园艺，也可以用郁金香球茎来偿还[2]，但大部分债务都需要用金钱来偿还。现金作为法定货币其实也一样。也就是说，商家可以接受其他非现金的支付方式。一张100美元的钞票只是一种合法的债务结算方式而已。

---

[1] 这是莎士比亚《威尼斯商人》中高利贷者夏洛克的要求。夏洛克借给安东尼奥一笔钱，逾期不还便要从他身上割下一磅肉。（1磅≈0.45千克。——编者注）

[2] 在17世纪荷兰曾经出现过郁金香投机热，鼎盛时期一个时髦的郁金香球茎的价值是工人平均年薪的十多倍。

支付的故事

在马克·吐温的短篇小说《百万英镑》中，年轻的亨利·亚当斯（Henry Adams）通过持有（但实际上没有花掉）一张无与伦比的、不可兑现的百万大钞，生活了30天。金钱与支付并非同一个概念，原则上来讲，小型简单经济体可以在没有支付的情况下生存。它们可以不使用支付系统，而是依赖共同义务将得到履行且随着时间的推移会相互抵消的假设，追踪谁欠了谁多少钱。

我们最喜欢的例子是一个游客入住一座小岛上的一家酒店并（提前）支付100美元钞票的故事。旅馆老板用这张钞票还清了自己欠屠夫的债务，屠夫又用这张钞票还清他欠农场主的债务，农场主又把这张钞票给了修好他拖拉机的维修店老板，维修店老板又把这张钞票交给旅馆老板，因为旅馆老板上个月主持了他女儿的婚礼。在这一切都发生了之后，这位客人出现在酒店前台，说他改变了主意，决定取消住宿。旅馆老板把100美元还给他，然后他便离开了。一切如常，只是岛上的所有债务都已经结清。

想象一下，如果这些债务没有偿还——屠夫不付钱给农场主，农场主就不能付钱给维修店的主人，以此类推，那会发生什么？整个小岛可能很快就会充满暴力，混乱不堪。

无论大小如何，我们今天的经济都是多元、复杂且相互关联的。那座小岛很整洁，不过岛上的那套系统对我们来说不怎么管用，但支付系统着实有效。

事实上，支付系统运作得如此之好，以至于现代经济体就像需要水、电和能源那样需要它们。如果没有顺畅的运作支付系统，那么金融市场、商业、就业甚至失业就都会受到影响。看看你们国家在新冠肺炎疫情防控期间的主要人员名单，你可能会发现，支付系统的员工赫然在列。除非你生活在远离电网的绝佳且完全自给自足的孤立环境中，否则你需要能够进行支付，并且（至少我们大多数人）需要能够收到付款。

既然拥有支付权利对每个人来说如此重要，那么以货币为基础的现代社会首先必须确保人们拥有一个良好的支付系统，然后是每个人都能够使用它。在本书后面的章节中，我们将讨论这些系统是如何工作的，以及它们是否运转得很好。

虽然拥有银行系统被认为是一个国家发展的关键要素，是使人们摆脱贫困的必要条件，但与拥有支付能力相比，它并非一种基本的需求。支付与银行业务并不总是共存，对于许多没有银行账户的人来说，现金是唯一的支付选择。他们无法轻易进行远程支付，更容易受到腐败的影响（例如，发放政府福利的中间人的腐败），无法获取利息，而且还承担着保管现金固有的风险，如盗窃和通货膨胀等。

近年来，发展中国家快速发展，让越来越多的公民融入金融体系，摆脱以现金为基础的生活状态。不过，它们最大的进步是将数字支付扩展到最贫穷和最偏远的农村地区。

发达国家依然还有一些未享受银行服务的民众，他们是为数不多但始终存在的靠现金生存的人。如今，这些人（可能还有其他人）面临的不断增加的风险是被排除在最基本的金融服务——支付系统——之外。

具有讽刺意味的是，促进发展中国家金融包容的技术与电子支付手段却增加了发达国家金融排斥的风险。比如说，无现金支付为赞比亚卢萨卡等地的最弱势群体带来的是益处，但为美国路易斯维尔、英国利物浦和法国里昂等地的最弱势群体带来的却是伤害。

我们的每一笔支付活动都会对未来的支付系统产生影响，为如何配置收银台人员、是否接受支票及在何时何地分配现金等决定提供依据。如果英国、瑞典等国的无现金支付趋势继续发展，那么商店将停止接收现金，自动取款机将消失，而无银行服务和现金依赖者将无法进行支付或收款。

当人们无法进行支付时，他们会寻找替代方案。在极端情况下，可能会出现盗窃行为，但在双方同意的情况下，你用什么支付，你准备接受什么样的支付，是债权人和债务人之间的事。只要双方能够接受，使用什么方式来偿还债务其实并不重要。如果你不能支付住房抵押贷款的利息，银行就会把你的房子收走。在战争年代，人们经常以物易物。在第二次世界大战时，荷兰一度被纳粹占领，于是一种影子经济应运而生，有效地资助了荷兰的抵抗运动。为抵抗运动提供支持的银行家沃拉文·范霍尔（昵称沃利）（Walraven van Hall, Wally）设计了两个巧妙的计策来规避政府的监管。

　　首先，他找到了从银行和富有的荷兰人那里借钱的方法。作为他们投资的证明，或者说作为他们所支付的荷兰盾的"回报"，范霍尔给予他们毫无价值的旧股票，承诺（这些商人也希望）战后他们可以用这种"货币"换回他们的钱。如此一来，双方便达成了一笔很好的交易。战争结束之后，荷兰政府冻结了所有的银行账户，并宣布纸币作废。范霍尔的金融家们把将要变得一文不值的合法纸币转换成了将要变得合法但毫无价值的股票证书。

　　其次，在荷兰流亡政府批准的情况下，范霍尔犯下了荷兰历史上最大的银行欺诈案。在中央银行内部人士的帮助下，他从金库中取出了5000万荷兰盾本票（相当于今天的5亿美元），并用伪造品取而代之。然后，他将原始票据换成现金，使用这些现金资助抵抗运动。战后，所有的贷款均得到了偿还。[①]

　　1970年，在爱尔兰银行从业人员罢工期间，该国的经济基本上是依靠不兑现的支票来维持的。在六个多月的时间里，民众实际上是在自己印钞票。新冠肺炎疫情暴发之后，2020年上半年，巴布亚新几内亚部分地区现金枯竭，居民们使用"塔布"——一串一臂长的海洋蜗牛壳，来替代现金。如果你没有钞票，你可以用一个半手臂长的"塔布"买一包大米。在我们虚构的小岛上，它是一张钞票，可以流通使用，当然，它也可以是黄金、盐、木

---

　　① 可悲的是，范霍尔没有活着看到这一幕。1945年初，他遭人出卖并被处决。

棍甚至香烟，所有这些东西在某种程度上都可以作为货币。这就是问题所在。作为消费者，我们可以自由选择双边支付方式，商家和企业也是如此。但我们的选择所蕴含的意味远远超出了我们的想象——谁从支付中赚钱，如何赚钱？谁掌控着支付的权力？谁决定着我们的支付未来？我们的选择也可能让其他人无法支付或被支付——这是一种我们可能会忽略的可能性，而且其后果会危及我们自身。

为了找到进步的方法，回顾一下支付诞生的情形应该有所裨益。传统经济学理论认为，货币作为一种支付手段，经历了从具体到抽象的发展过程。部落社会通过选择一种稀有而有价值的商品与其他商品进行交易，简化了易货交易。这种以商品为基础的货币，如贝壳或者黄金，不是任何人的债务，这一特点对那些认为债务（至少是金融债务）是万恶之源的人来说特别有吸引力。

大卫·格雷伯（David Graeber）等人类学家支持的反补贴理论认为，债务先于货币，从一开始，货币就是可交易的债务。[1]经济学家的理论听起来貌似合理，但无论过去还是现在，人类学家似乎都认为债务是一种部落社会行为。人类并不是生活在伊甸园，靠买卖贝壳为生；生活是负债累累的，也是肮脏、野蛮和短

---

[1] 公平地说，债务货币理论最早是由经济学家亨利·邓宁·麦克劳德（Henry Dunning MacLeod）和阿尔弗雷德·米切尔·因内斯（Alfred Mitchell Innes）在19世纪末20世纪初提出的。

暂的。

我们可能会活得更久，但背负的债务也会更多。我们现在所有的钱都是"债务钱"，代表着其他人的支付义务。比如说，我存在花旗银行的钱就是该行欠我的债。如果我把存在花旗银行账户中的钱转移到你在汇丰银行开设的账户中，那么，我实际上是将花旗银行对我的债务转换为汇丰银行对你的债务。

当然，我可以（现在）用现金支付你，但我口袋里的钞票是发行它们的中央银行的书面承诺。我们可以质疑，如果我们向中央银行提供它们自己印发的钞票时，它们会付给我们什么。钞票只不过是它们资产负债表上的负债而已。可转让债务是我们用来支付及被支付时所得到的东西。

与贝壳和黄金等商品货币不同，我们的债务货币具有固有的违约风险——但任何（发达）经济体都离不开它。这就是亚历山大·汉密尔顿（Alexander Hamilton）主张建立联邦债务以取代18世纪末盛行的拼凑之物——州借条——的原因。鉴于新兴的美国经济因缺乏货币而受到阻碍，他的意图与其说是鼓励所有人免费借钱，倒不如说是希望创造一种流动性很高的支付工具来促进商业的繁荣。①

---

① 亚历山大·汉密尔顿不仅是百老汇音乐剧《汉密尔顿》的主角，还是美国的开国元勋之一，也是美国财政部的第一任部长。美国金融体系的大部分基础都是由他奠定的。

也许，具有讽刺意味的是，为了付钱，也就是说，为了还清债务，我们需要负担更多的债务。当我们向债权人付钱时，我们是在用钱来代替我们欠他们的债务，而钱只是债务的另一种形式。当然，这种替代的意义在于，我们的债权人更希望欠他们钱的是银行，而不是我们。因此，支付和货币的核心是信任，或者说，对彼此的信誉缺乏信任——我们不信任彼此，但我们信任这个系统。经济学家清泷信宏（Nobuhiro Kiyotaki）和约翰·摩尔（John Moore）对《圣经》中的一句话进行了令人印象深刻的改写来描述这种情况："邪恶是所有金钱的根源。"[1]

----

[1] 原文为"贪财是万恶之源"，出自钦定版《圣经》"提摩太前书"第6章第10节。

第 2 章
如果钱不能流动，那它
如何让这个世界运转？

2018年的一个下午，对英国《金融时报》（*Financial Times*）记者杰米玛·凯利（Jemima Kelly）来说应该是灾难性的。那天下午，她在伦敦乘坐公交车时，用苹果手机支付了1.5英镑的车费。15分钟之后，当一名检票员向她索要车票时，她的手机竟然没电了。当被要求提供付款证明时，她最终只能提供她的银行对账单，但由于她的银行卡没有在伦敦的交通系统上注册，因此不能证明她的实际乘车经历。一场官僚主义噩梦接踵而至。不管她那天是否达到了车费支付上限，她都将面临476英镑的罚款和刑事定罪（后来分别被退还和撤销）。①

---

① 使用非接触式支付时，伦敦交通局（Transport for London，TfL）对乘客在一天或一周内支付的乘车费用设置了上限。一旦达到上限，无论你乘车多少次，它都不会再向你收取更多的费用。

这个故事清楚地表明：对现代支付来说，最为重要的就是信息。语言可能具有误导性。当我们谈论支付时，我们谈论的是转账和汇款、渠道和管道、流动和移动、途径和路线以及交通、运输、旅行、转移和传输等。所有这些词语的含义都是移动，但说实话，绝大多数支付只是一种花招：在账簿中更改条目。而且，尽管这项技术已经发生了无法识别的变化，但英格兰银行副行长约翰·坎利夫（John Cunliffe）十分贴切地将今天的支付描述为"在经济上，相当于18世纪的银行职员用羽毛笔改变银行的账本，一个账户中记借方，另一个账户中记贷方"。

凡规则均有例外，现金支付也不例外。如果你有一个银行账户，你的现金交易很可能就是从你在自动取款机中取款，同时这笔钱从你的活期账户中被扣除开始。最终，商家将实物现金存入银行，资金进入他的账户。因此，你的现金支付是将资金从你的银行账户转移到商家银行账户的一种资金流动方式，分类账又变了。除了现金，钱不会真正**流动**，其流动性只需通过账面记录对其所有权进行更改即可实现。

黄金也是如此。黄金很少流动。相反，每条黄金都印有唯一的序列号，当你买卖黄金时，在大多数情况下，你只是简单地转移了该金条账面注册，而不是金条本身。即使在金本位制下，黄金也主要是通过账面记录来转移的。20世纪初，世界上大部分黄金都被储存在英格兰银行金库的保险箱里，而美国联邦储备委员会（简称"美联储"）存放的黄金数额则较小。当外国中央银行需要在彼此之间转移黄金时，这些转移将记录在英格兰银行或美联储的账簿中，并且大部分记录在黄金账簿中，而黄金本身实际上没有移动（尽管有时它们会将金条从一个保险箱移动到另一个保险箱）。经过两次世界大战和其他事件之后，如今持有世界上大部分黄金储备的是美联储，而英格兰银行的黄金储备则要少得多，但作用依然没有改变。

当黄金确实需要转移时，则需要进行精心规划，并支付昂贵的物流费用。2019年，波兰中央银行决定运回第二次世界大战爆发时从华沙转移到伦敦的价值40亿英镑的黄金。这项绝密行动动用了精锐警察部队、包机、直升机和高科技卡车，在数月内经过8次夜间飞行，将重达100吨的8000根金条运回波兰。就转账业务而言，这无疑是一个非凡的案例。

不过，银行（依然）在这一转账过程中发挥着至关重要的作用。如果我必须付钱给你，而你和我又都在同一家银行开设了账户，那事情便会简单得多。银行只需从我的账户中扣除这笔钱，然后添加到你的账户上即可。这一"移动"都发生在我们银行的分类账上。如果我们的账户开在不同的银行，两家银行仍然会在我们各自的账户上加上或减去相应的金额，然后再进行结算。

根据我们的支付方式，银行（和其他支付提供商）以各种方式进行结算，不过，它们都必须改变分类账中的分录，最终中央银行的分类账也要修改，因为商业银行的余额都保存在中央银行。

撇开现金不谈，今天所有的支付都是记录在数百年前发明的分类账系统中的数字债务分录；今天所有的支付方式都与古时的做法一脉相承，只是通过跳动的字节让存放在计算机系统深处的数字账本充满活力而变得现代化而已。

今天的支付与金钱和银行密不可分。我们所说的钱其实就是我们存在银行用于支付的存款。正是这些支付账户让银行得以创收，这是一种使其区别于任何其他行业的技能。它们是怎么做到的？要了解这一点，我们需要进行一次简短的历史回顾。

要了解银行业的起源，中世纪晚期应该是恰当的时间节点，而意大利锡耶纳市中心则是一个好地点。想象一下，一些中世纪的商人在坎波广场附近的一家银行总共存了100枚金币。银行承诺保存这些金币，并在商人想要取款时把这些金币提供给他们。该银行还承诺，会根据指示，通过单式记账法将金币从一个商家转移到另一个商家。

一段时间之后，银行意识到这些商人都是十分谨慎的人，所以银行金库里总是存有至少90枚金币。该银行决定将其中一些金币借给其他商家并收取贷款利息，以此来赚钱。因此，银行将90枚金币中的75枚借出，并向借贷者收取5％的利息。虽然理论上存在存款商家同时索要金币的风险，但银行认为这是极不可能发生的情况，毕竟，额外的利息收入还是很诱人的。

商人们仍然拥有他们存放在银行里的100枚金币。对他们来说，这是支付时可以使用的真正的钱。这和钱包里有金币是一样的，只是少了一些存储与携带的麻烦。与此同时，借款人也可以在需要时使用那75枚金币。这样一来，通过收储商人的金币来发放贷款，银行创造了75枚金币。太神奇了！

现代银行"创造"金钱的方式大致相同。客户把钱存到银行里，而银行又把大部分钱用来发放贷款。银行将剩余的资金存入中央银行，以确保有足够的流动性来满足想要取款客户的需求。银行可以用现金支付贷款收益或将收益存入借款人账户。因此，银行可以"神奇地"凭空创造金钱，所需要的就是动一下笔——或者更确切地说，动两下笔，资产负债表的两边各动一笔。在资方，它们向一家公司增加一笔贷款，比如10万美元；然后，在债方，它们将相同金额记入该公司的活期账户或者支票账户，允许其支出使用。只需挥舞两下笔，银行便创造了10万美元的债务。

当然，魔法也会造成巨大的破坏。想一想迪斯尼电影《幻想曲》（*Fantasia*）中魔法师的学徒米老鼠吧。米老鼠用刚刚获得的新能力创造了魔法扫帚为其挑水，结果发现它们失控，致使水患发生。[1]虽然大多数经济学家都认为，如果没有能够创造金钱的银行提供信贷，现代经济体就无法运转，但正如我们经常经历的那样，这种做法在带来经济繁荣的同时也会造成经济萧条。折

---

① 米老鼠让魔法扫帚帮自己挑水。但扫帚一直不停地挑水，米老鼠无法阻止，便将扫帚砍断，结果被砍断的每一部分都变成新扫帚继续挑水，使城堡发生水灾。——编者注

中的办法是允许魔法存在，但要对其实施严格的控制。这就是银行业受到严格监管的原因，也是中央银行如此重要的原因。它们是用来阻止学徒（银行）破坏这个世界的魔法师。

在过去的几个世纪里，创造金钱的能力使银行成为支付的核心。然而，我们的支付方式正在逐渐发生变化，新技术正在改变现状，新的竞争对手正在竞相提供传统银行业务的替代方案。银行可能需要支付，但支付真的需要银行吗？

第 3 章
并非如此简单：支付
面临的基本挑战

　　此刻，你很可能会得出这样的结论：所有这些创造金钱的魔法不过是银行家们为了证明其存在价值及其薪酬合理性而抛出的烟幕弹而已。毕竟，如果支付变成了数字账本中的字节，那么我们不是应该把它们交给软件工程师来处理吗？你不是唯一按照这种思路进行思考的人。事实上，估值700亿美元的支付初创企业斯戴普（Stripe）就是基于"支付是一个源于代码而非金融的问题"这一前提筹建的，它只建立在7行代码上。与往常一样，对于斯戴普支付系统而言，现实也一样有点复杂。

　　每种支付形式——包括现金——都必须应对任何价值转移所固有的三个基本挑战：风险、流动性和约定。除非我知道你会供货，否则我**不会**付钱给你；除非我有钱，否则我**不可能**付钱给你；除非有双方都能接受的付款方式，否则我**将不会**把钱支付给你。支付工具因此诞生，包括现金、银行卡、支票、银行转账等。每一种支付工具都必须应对这三个挑战。下面，让我们逐一阐述。

风险

支付本身就具有风险。任何交易都有风险，即可能有人得不到钱或者货物，原因也许是付款人没有资金或者其支票遭到拒付，也许是投资人已经完成支付，但卖方在收款之前就破产了。这就是结算风险。

就像门是任何建筑安全体系中难以避免的薄弱环节一样，支付系统也是所有价值储存中的薄弱环节。钱在进进出出时最容易失窃。海盗袭击了公海上的珍宝船，拦路抢劫者在开阔的道路上以旅行者为目标，而扒手则寻找刚从银行或者自动取款机中取了钱的顾客。同样地，当比特币从"冷存储"（离线存储）中取出用于支付时，其使用的私钥也是最脆弱的。[1]

然后是欺诈风险。交易双方——不只是支付方——都面临着欺诈风险。顾客可能是一个冒名顶替者，使用的可能是偷来的信用卡或者假钞。或者，店主可能会将假冒商品作为正品卖给毫无戒心的顾客。有时，结算和欺诈这两种风险是共存的。比如卖方已发货但买方无意付款，或者买方在货物装运后撤回付款。有时令人感到吃惊的是，卖家会看到交易被撤销，记入其账户的款项

---

[1] 私钥是允许用户访问其比特币和其他加密货币的秘密号码。

也突然消失。在一个流行的骗局中，骗子利用了银行存在的一个漏洞，即许多银行将支票贷记到收款人的账户上，然后再核实支票签发人是否有足够的资金。如果发现支票签发人资金不足，银行就会撤销交易。有时，支票核实需要几天时间，等到查出问题，受害人往往已经发货，最终落得钱货两空。

流动性

你需要有钱才能进行支付，而且钱的种类和支付地点都要合适。拥有游艇和城堡很好，但你不能用它们在商店里付款。流动性是关键。1945年，为了遏制通货膨胀和对战时的奸商征税，时任荷兰财政部长皮特·利夫廷克（Piet Lieftinck）冻结了流通中的所有纸币，结果一年后他发现自己竟然急需这些流动资金。①由于急需给朋友打电话，他不得不向一位路人讨要一枚10美分的硬币（当时是公用电话亭时代）。据称，这位路人回答："给你20美分，你可以给所有的朋友打电话了。"鉴于利夫廷克当时极不受欢迎，这种态度即使有失公允，也是可以理解的。

你的朋友可能比利夫廷克的多，但你仍然需要在钱包里放一

----

① 利夫廷克将所有纸币从流通中撤回，冻结持币人的银行账户。随后他向银行提供新的钞票，这样人们便能够领取工资。在随后的几个月里，他逐步解除被冻结的银行账户，但对1940年5月至1945年12月期间积累的任何资产征收90%的税。

些纸币和硬币这种形式的流动性——就像他需要的那样。而且货币的种类要正确，因为大多数商店都不收外币。要购买债券，投资者不仅需要足够的资金，而且还需要当地认可的资金。他们可能在美国银行有很多美元，在英国银行有很多英镑，但如果债券在日本交付，他们——或者他们的代理人，将需要在日本银行账户中拥有以日元形式存在的流动性。然而，流动性是有代价的。钱包或活期账户中的钱不会产生利息，在日本就更不可能了，那里的负利率吞没了所有的利息。

银行需要在其他银行或清算系统中保留足够的准备金，但这会让它们付出代价。流动性是一种资产，与所有资产一样，银行需要保持一定数量的（大规模的）资本。

约定

每次付款时，我们都会做出支付选择——这是一个可以形成更广泛体系的个人决定。我们如何付款和收款，不仅对**我们**想如何付款和收款产生影响，而且也对**我们周围的人**想如何付款和收款产生影响。任何支付机制——无论是基于银行、钱包、银行卡、现金还是其他形式的——只有在人们进行支付的时候才会发挥作用。归根结底，这是一种社会结构。

支付机制还依赖于看不见的约定，如共同标准、共同规则和法律框架，以及（通常是隐含的）协议等。其中一些是技术性的，比如终端是否可以读取客户的银行卡；另一些是规则，比如美国和法国法律规定，开具空头支票（账户中没有足够资金支付的支票）将被判入狱。还有一些是习惯问题，人们更喜欢自己熟悉且体验良好的支付机制。

良好的支付机制可以应对三大挑战，将风险和流动性降至最低，并以人们接受和使用的形式将约定最大化。

即使在日常支付中，我们也会在风险与流动性之间做出权衡——你如何获得日用杂货，你是否是一位亚马孙河冒险家、奈飞（Netflix）夜间冲浪者或者其他诸如此类的人。通过延长透支期限，银行使我们能够在账户中没有钱的情况下进行支付，但这样做会增加它们的信用风险。如果银行收取的透支费用是为了弥补其成本（以及其他因素），那么它们会根据我们拥有的（或者应该拥有的）偿还能力，认真审核向我们提供的透支额度。同样地，通过接受支票，商家增加了向我们出售货物的机会，但这些钱可能需要更长的时间才能到达它们的账户。

然而，在零售支付中，约定扮演着最重要的角色。数以百万计的消费者和企业每天都必须相互支付，而且是通过共同的支付系统。引入新的小额支付工具说起来容易做起来难，因为这些约定和工具需要被大量采用，然后才会被大家使用。如果顾客都不想使用新的支付工具，那么商家就不会采用这种支付工具。如果没有或很少有零售商接受某种新的支付工具，那么消费者也不会使用它。

改变小额支付行为并不容易，这就是为什么大多数成功的支付创新都要以现有约定为基础。例如，苹果支付（Apple Pay）就是围绕借记卡和信用卡构建的。当然也有例外，不过，这些例外通常是从关注定期相互支付的小群体或企业开始的。贝宝就是一个很好的创新范例，它通过使易贝（eBay）上的交易便利化而逐渐壮大起来。信用卡则是另外一个成功的例子，其最初的服务对象是20世纪50年代经常光顾纽约同一家餐馆的一小群食客。

风险、流动性和约定这三大挑战深刻地塑造了整个支付系统的格局，我们将在后面的章节中进行讨论。下面，让我们仔细看看世界上最古老的支付方式之一——现金。

第二部分

历　史

第 4 章
现金之谜

　　现金既简单又常见，是迄今为止最古老的支付方式之一，其独特之处在于不依赖数位、字节和神秘的分类账来传递价值。现金具有容易使用、匿名、即时和决定性等特性。当一个人使用现金向你支付时，你不会遭遇到其资金不足的风险。现金也是无法追踪的，你可以立即将收益用于其他用途。现金转移也无须通过中间人或者律师。因此，长期以来，现金成为犯罪分子的目标就不足为奇了。

　　喜欢现金的不只是犯罪集团，按交易数量计算，现金依然是当今世界使用最广泛的支付形式。想一想你自己最熟悉什么，答案应该就是现金。我们如何使用现金在很大程度上仍然是个谜——英国国家审计署在2020年发现，价值高达500亿英镑的纸币下落不明。我们不知道人们进行了多少现金交易，也不知道交易的具体价值。我们（或多或少）知道人们从自动取款机和银行取了多少钱，但之后的去向便无从知晓。如果想知道，我们就只能通过调查来进行推断。

为什么？因为你可以用自动取款机上取出的20美元进行单笔支付或者进行20次每笔1美元的支付，收款方可以将20美元的钞票返回至银行系统或者花掉，以此类推。在任何一种情况下，调查都只能发现整个事件的部分情形，因为流通系统中的大多数现金实际上并没有在流通，其中就包括很少（如果有的话）由自动取款机分发的面额为100美元或者200欧元和500欧元的钞票。瑞士人在金融方面不甘落后，他们有面额为1000瑞士法郎的钞票，价值约1000美元。该国中央银行坚持认为，这种钞票未被恶意使用，使用它的都是在邮局付账的守法的瑞士公民。

关于现金，令人困惑的一点是，其绝大部分由高面额纸币构成，而这些纸币却很少有人使用过甚至看到过。面额500欧元的钞票甚至被称为"本·拉登"，因为每个人都知道它的存在和它的样子，但没有人知道在哪里可以找到它。

在流通系统中，有价值18000亿美元的纸币，而100美元面额的纸币占了80％，这意味着乔治·华盛顿——其肖像印在1美元钞票上，被美国的开国元勋本杰明·富兰克林击败了——100美元钞票上印着他的肖像。[①]按成年人口和我们所知道的流通纸币

---

① 不仅按价值，而且按纸币数量亦是如此，因为平均每个成年美国人有55张100美元的纸币，而只有50张1美元的纸币。

的数量和面额进行细分，结果是，平均每个成年美国人只有7张
10美元的纸币，但有55张100美元的纸币。[1]尽管这样的配比似
乎应该让窃贼们大发横财，但他们的实际经历却与此不符。调查
显示，美国消费者的钱包里平均只有75美元。即使考虑到自动取
款机、银行和收银台里的现金，我们仍然可以算出流通中的现金
总量非常小。这就引出了一个问题：钱到底去哪儿了？

　　就美元来说，它们主要是在"度假"。大约60％各种面额的
美钞和75％的100美元面额的钞票在美国之外的地方流通。历届
美国政府都奉行"按需"向外国提供货币的政策，这意味着，它
们需要将实物美钞（主要是100美元钞票）运到其他国家，供当
地人从银行和交易所购买或提取。自20世纪90年代以来，该数额
一直在稳步上升。阿根廷和前苏联加盟共和国的国内货币危机对
美元输出起到了巨大的推动作用，1993年至2013年，每年仅美国
就向这些国家运送了大约200亿美元。最著名的是，美国向伊拉
克空运了大约120亿美元（也许大约400亿美元），用于支付伊拉
克政府重新开放和恢复基本服务的费用。让我们认识一下这些钱
的实际尺寸，价值10亿美元面额为100美元的钞票可以装满10个
标准货盘。

　　欧元是另一种主要的外汇流通货币，不过，与美元相比其数

------

　　[1] 加上7张50美元的钞票、37张20美元的钞票、13张5美元的钞票和
50张1美元的钞票。

额要小得多。关于欧元的数据和研究还不太详细，但据曾发行了
70％的500欧元钞票的德意志联邦银行估计，其中三分之二销往
了国外。许多德国印制的纸币可能最终流向了欧洲南部，与印有
代表希腊发行的Y字母开头序列号的欧元纸币相比，那里的民众
更加信任印有代表德国发行的X字母开头序列号的欧元纸币。三
分之一的欧元现金被认为在欧元区之外流通，其中大部分在俄罗
斯和巴尔干地区。

货币的海外使用当然意义重大，但它只回答了部分有关现金
去向的问题，而且只涉及美元和欧元。此外，调查结果仅说明了
大多数流通货币中5％至10％的下落。如果不是因为中央银行必
须核查所有回收的钞票并更换残币，那么我们对其余钞票的去向
将一无所知。此过程让我们对钞票的使用情况有了更为深入的了
解。美国货币教育计划（CEP）估计，1美元纸币的寿命略大于5
年，而100美元纸币的寿命大约为15年。大面额钞票的使用频率
低于小面额钞票，但它们不太可能一辈子都待在保险箱里或者床
垫下面。更有可能的是，它们在地下经济中流通，只是与低面额
钞票相比，光顾美联储的频率更低而已。

现金的特性对非法活动更具吸引力。根据大面额纸币的数
量和使用数据，有人估计全球地下经济规模占全球生产总值的
25％，即使在美国等发达经济体中也是如此。这包括逃税、毒
品和人口贩运等犯罪活动。据估计，美国的毒品经济总量为每年
1000亿至1500亿美元，大部分使用现金支付，我们不得不推测，

其中大部分是以高面额钞票支付的。尽管有趣的是90％的美国钞票上都涉及可卡因交易，但其中100美元钞票的比例还是要低得多。显而易见的是，高面额钞票被用来进行毒品交易，低面额钞票则有着完全不同的用途（见表4-1）。

表4-1　从刑事角度看不同支付机制的属性

支付形式	是否匿名	是否能被追踪	接受程度	价值转移即时性	是否不可逆	价值固定性	交易成本	物理便利性
银行转账	否	是	需要付款人和收款人有银行账户	逐渐在一天之内	否	高	可变	是
非银行电汇	否	是	通过代理人	逐渐变为实时	有时	高	可变	是
比特币	是	有限	十分有限	瞬间	是	极不稳定	可变	是
黄金	是	否	有限	是	是	不稳定	高	笨重
钻石	是	否	十分有限	是	是	不稳定	很高	非常紧凑
现金	是	否	普遍接受	是	是	高	低	大面额钞票笨重

注：改编自冼博德（Peter Sands，2016）《让坏人更难：取消高面额纸币的案例》（*Making It Harder for the Bad Guys: The Case for Eliminating High-denomination Notes*）。工作文件52，哈佛肯尼迪学院。

　　经济学家早就指出，政府印制大面额纸币的同时又实行严格的反洗钱制度，两者之间存在着本质的矛盾。大面额钞票显然对那些有犯罪倾向的人来说十分方便，当100万美元由1美元钞票构成时，质量超过1吨，体积超过1立方米；换成100美元的钞票时，质量仅约10千克（22磅），恰好可以放在一个公文包里。若换成面额更高的500欧元纸币时，同样的100万美元质量仅为2千克，可以装在一个小袋子里，或者藏在一个大的胃里。事实上，2004年就有一名"欧元贩子"在前往哥伦比亚的途中被抓获，他的胃里就藏了20万欧元的500欧元面额的钞票。

　　然而，并非所有的罪犯都坚持使用高面额纸币。尽管如今在哥伦比亚，仍然会有欧元贩子吞下400张500欧元钞票，但在1983年著名的荷兰啤酒大亨弗雷迪·喜力（Freddy Heineken）被绑架案中，为了躲避追踪，罪犯们已经避免使用高面额纸币了。喜力与其司机在离开办公室回家时遭到绑架，绑架地点距离荷兰中央银行只有200米。绑架者不要1000荷兰盾的钞票（价值超过500美元），因为他们担心这些钞票容易被追踪，难以兑换。所以他们要求以4种货币的中等面额纸币支付3500万荷兰盾（约2000万美元）的赎金。[①]不幸的是，这依然让赎金变得十分笨重，质量约400千克。在决定以真正的荷兰方式——骑自行车逃跑后，该

---

　　① 他们要求4种钞票各5万张：面额100的荷兰盾、面额100的美元、面额500的法国法郎和面额100的德国马克。

团伙不得不将赃物掩埋在阿姆斯特丹郊外的林地中，在散步者发现这些赃款之前，他们只取走了其中的大约四分之一。尽管对喜力来说，这绝对是一场可怕的磨难，但幸运的是，被囚禁21天之后，他最终获释，而且依然还是一位讲故事的高手。后来，他曾经这样描述："他们折磨我……他们居然让我喝嘉士伯啤酒！"

渠打银行前首席执行官冼博德在《让坏人更难：取消高面额纸币的案例》中对此进行了简明扼要的总结，他将高面额纸币描述为"现代经济中的一个时代错误"："它们对合法经济的运营几乎没有什么作用，但在地下经济中却发挥着至关重要的作用。具有讽刺意味的是，这些高面额纸币是由国家提供给罪犯的。"那么，为什么一些国家一边对银行实施越来越严格的反洗钱条例，一边却对在逃税、犯罪、恐怖主义和腐败中使用自己发行的大额钞票视而不见？当然，一些政府**正在**对大面额钞票进行重新审视。但废除现金或任何形式的支付都是说起来容易做起来难。情绪高涨，依赖强烈，习惯似乎牢不可破，而且，改变需要做大量的基础工作。

加拿大在2000年停止发行1000加元的纸币，新加坡在2014年停止发行10000新加坡元的纸币，但在欧元区，这件事一直不那么容易。2014年，欧元区19家中央银行中有17家停止印制臭名昭著的500欧元纸币。在一片抗议声中，德国和奥地利这两个现金密集型国家在2019年也开始效仿。当时，德国中央银行行长延斯·魏德曼（Jens Weidmann）抱怨，逐步取消纸币"对打击犯罪几乎没有作用，但会损害人们对欧元的信心"。尽管在其他欧元区国家（或英国），500欧元纸币不再被接受或兑换，但在德国和奥地利，该货币仍然是法定货币，可以在商业银行进行兑换和流通。从理论上讲，随着德国联邦银行和欧洲中央银行停止发行新的货币，500欧元面额的纸币终将被淘汰。

这一妥协可能不会一举解决所有问题，但确实避免了更糟糕的结果，即破坏人们对于现金的信任。魏德曼的观点是：不接受500欧元的钞票可能会让人们担心其他面额的钞票是否也会步其后尘。有了这样的担心，他们会开始拒绝使用200欧元甚至100欧元的钞票。最重要的是，这表明对于中央银行，特别是德语国家的中央银行来说，对现金保持绝对信任是十分重要的。

对相对高面额钞票采取更激烈的行动可能会造成巨大的混乱。2016年，印度政府废止流通中面额最大的两种纸币——500卢比和1000卢比，目的是将"灰色财富"①公开化。当时，这两种纸币占流通货币供应量的86%，但事实上，其余14%的低面额纸币承担了大部分日常支付工作。

2016年11月8日晚，印度总理纳伦德拉·莫迪（Narendra Modi）在电视直播中宣布，将在午夜——仅4小时后禁止这些违

---

① 灰色财富指偷税漏税所得。

规钞票，此举震惊全国。接下来的几个星期里，人们到银行兑换新纸币，由于新纸币印刷速度太慢，结果导致货币紧缩，致使数千万印度人缺钱或者每天排队数小时却只能兑换少量现金。直到几个星期之后，局势才稳定下来。该事件对印度国内生产总值产生了严重的负面影响。与此同时，印度青睐的货币替代品——黄金价格上涨了20％至30％。①

　　这次行动最终取得了极其有限的成功。印度废钞令背后的理念是，只有那些能够证明自己现金来源的人才能将旧钞票换成新钞票，从而让灰色钞票变得一文不值。但在经过两年艰苦的审计之后，印度储备银行报告称，多达99.3％的废钞未被清除，而是回流到了银行系统，究其原因，要么印度的灰色财富比总理莫迪怀疑的少，要么与废钞令相比，印度国内的洗钱活动更加猖獗。

　　印度的努力与其说是针对现金的战争，倒不如说是针对某些形式的实物货币的攻击。但一场范围更广的战斗正在进行——现金可能无法生存。

---

　　① 据估计，印度家庭拥有25000吨黄金，价值15000亿美元，是本国流通货币的4倍。

第 5 章
现金战争

在过去的二十年里，"现金战争"这一概念变得越来越流行。对某位有权有势的精英可能会取消现金并追踪人们的交易的担心，让自由主义者、反贫困活动家及阴谋论者联合起来，组成了一个反对阵营。然而，很少有人像有争议的评论员詹姆斯·里卡兹（James Rickards）那样，用骇人听闻的术语来阐述自己的观点，他在2019年10月写道："猪在被屠宰之前，被赶到猪圈里。而储蓄者被负利率杀戮之前，则被赶进无法逃脱的数字账户中。我们已经没有回头路。毫无疑问，对现金发动的战争是真实的，而且不会消失。"

你猜测里卡兹居住在哪里？事实上，他居住在美国，也是他的主要对手——优于现金联盟（Better than Cash Alliance，BTCA）的所在地。优于现金联盟是一个由私营企业、政府和发展组织组成的联盟，旨在积极创造一个没有现金的世界。

比尔及梅琳达·盖茨基金会（Bill & Melinda Gates Foundation）、花旗银行、福特基金会（Ford Foundation）、万事达、维萨、奥米迪亚网络（Omidyar Network）及美国国际开发署（United States Agency for International Development，USAID）都是该联盟的创始成员，该联盟致力于促进现金支付向电子支付过渡，声称这样做会降低成本，增加透明度和责任感，减少安全风险，增加穷人获得金融服务的机会，并推动包容性经济增长。

如果一切都如此完美的话，优于现金联盟在应对废除现金产生的政治和现实问题时应该会像里卡兹说的那样轻松。花旗银行时任首席经济学家威廉·布伊特（Willem Buiter）写道："在政治上，现金将遭到一些合法依赖现金的穷人和老年人、因从事非法活动而要求现金匿名的人以及自由主义者的反对。第一个群体可以得到帮助，第二个群体可以不予理会，第三个群体应该为自己选择一个群体。"

无论哪一方是正确的（事实上，两者都有一些正确的观点），现金的流通量确实在缩小。现金是世界上最古老的支付方式之一，但由于"栖息地的丧失"和"入侵性捕食者"的攻击，现金支付正在许多发达经济体中迅速走向灭绝，以至于一些立法者现在已经宣布现金为"濒危物种"，并通过了维护和保护它的立法。

然而，在不同国家和文化之间，支付方式一直存在着巨大差异。虽然少数国家的现金使用量下降到了需要立法保护的程度，但在大多数国家，现金使用量下降的速度还是非常缓慢的。

位于欧洲东南边缘的阿尔巴尼亚就非常喜欢现金。世界银行估计，那里的商家收到的付款99.2％为现金，消费者支付时96％用的是现金，甚至大部分养老金都是用现金支付的。这样的使用率让阿尔巴尼亚的经济遭受了共计相当于其国内生产总值1.7％的损失。如果用直接借记代替该国一半的公用事业现金支付，世界银行估计，阿尔巴尼亚消费者每年将节省约7.5亿列克（约650万美元），即每个阿尔巴尼亚人每年节省2.2美元。这一数额对于一个每月最低工资约为190美元的国家来说是非常重要的。

现在让我们回到欧洲西北边缘现金日渐减少的前沿国家看一看。在瑞典、荷兰和英国，现在使用现金进行的交易占比不到一半，而且这一比例还在迅速下降。令人奇怪的还有瑞典，第一个引入纸币的欧洲国家，却在摆脱纸币的道路上走得最远。

在瑞典，人们购物时使用现金的比例不足13％。许多瑞典人从不使用现金，也不再携带现金。该国目前流通的货币总额占国内生产总值的比例已经从2005年的4％下降到1％左右。犯罪率已经下降，而且从无处不在的宜家家具店，到斯德哥尔摩的阿巴乐队博物馆［尽管该乐队的热门歌曲《钱，钱，钱》（*Money, Money, Money*）仍在播放列表中］，现金都被拒之门外。

但是，金钱和现金不是一回事，现金的费用比金钱要高。纸币需要印刷，硬币需要铸造，但这只是部分成本，它们还需要运输和分配。自动取款机里需要放置钞票，还需要进行维护；商家需要监控、清点和收集现金，并将其运送至银行；银行需要重新统计、分类和重新分配。就这样周而复始。

很显然，这一切必须在确保安全的前提下完成，因此，银行需要特殊的设施和保险库，商家需要摄像头和保险箱，而设备齐全的卡车还需要装甲防护和警卫保护。总而言之，现金总成本估计为全球国内生产总值的0.2%~0.4%，尽管远低于阿尔巴尼亚的1.7%，但仍占支付系统总成本的10%~20%。这相当于每笔美元现金交易的费用约为0.4美元，或者平均15美元现金购物价值的2.5%。

现金的成本不仅巨大，而且大部分是固定的，不会随着现金使用量的下降而下降。要想使其完全消失，那就只能消灭现金。自动取款机网络就是一个很好的例子。无论往自动取款机里放置多少钞票，需要的费用都是一样的，因为都需要一台自动取款机。你不能关闭一半的自动取款机，而希望剩下的一半仍然发挥同样的作用——某种程度上来说，剩余的一半将变得毫无意义。因为只要使用现金进行交易就会产生成本，所以，对于那些热衷消除现金的国家的银行和商家开始考虑完全没有现金的生活，我们不应该感到惊讶。

如果这一切成为现实，会发生什么呢？金融系统能否生存下去？大多数经济学家和银行家的答案大体上是肯定的。现金并不是中央银行的关键职能。即使货币的物理形式消失了，我们依然可以继续以美元、欧元、英镑、日元、列克和所有其他货币进行存款。

关于钞票的"印制",我们该怎么办呢?如果中央银行不能印制钞票,它们还可以创造货币吗?这一次,答案依然是简洁的"可以"。关于货币政策的比喻在这里毫无用处。许多描述新冠肺炎疫情援助计划的新闻标题都涉及钞票印制:美联储正在"启动印钞机",欧洲中央银行正在"启动喷钞枪",而那些更倾向于数字化的人则热衷于"印吧,宝贝"模因①。这些标题唤起了人们的情感,但也具有误导作用。正如"发送"货币不是银行的支付方式那样,"印制"也不是中央银行创造货币的方法。

但让人感到矛盾的是,印制钞票并通过银行系统进行流通一般**不会**增加货币供应量。中央银行通过增加储备——商业银行在中央银行的存款——来创造金钱,即使现金消失了,这些储备依然还在那里。

不仅私营部门有足够的动机推动去现金行动——银行可以降低成本,商家可以减少商业摩擦和日常开支,信用卡行业、钱包和电子支付提供商可以增加收入——公共部门也热衷于此。

更高效,更透明,让好人更便捷,让坏人更困难,非现金支付成为**当下的**流行趋势。只要系统健全,电力供应稳定,通信网络运转正常,一个没有现金的世界理论上是可行的。但那些计划

---

① 模因(meme)即文化基因,指文化传递的基本单位。

摆脱现金的人面临着巨大的实际障碍和强烈的反对，而且，正如他们发现的那样，人们对现金的依赖根深蒂固。

总的来说，欧洲北部地区的人历来崇尚实用主义而非感情用事，但即便是在瑞典、英国和荷兰，人们也对这个效率更高、现金更少的未来感到不安，而且有充分的理由。除了前述优势，现金还有另一个重要品质：人人都可以支付。你不需要有银行账户、银行卡、智能手机、电脑、互联网服务、第四代移动通信网络（4G）、虚拟钱包甚至皮夹，就可以使用现金进行支付或者收款。只要人在那里就行。支付系统高效而安全地转移资金是经济赖以发展的基础，不过，该系统必须为我们所有人提供服务，否则它就对我们没有好处。

在瑞典，现金的减少引发了国内的抗议活动。现金叛乱组织（Kontantupproret）是一个由共同利益联结在一起的组织网络，旨在保持现金的存在。事实上，该组织将现金的消失视为对民主、隐私和个人自由的严重威胁。

有趣的是，该组织由瑞典前国家警察局长兼国际刑警组织主席比约恩·埃里克森（Björn Eriksson）领导，他的履历可能表明他更看重合法性而非自由。但正如他在2018年向《卫报》（*Guardian*）解释的那样："当你拥有一个全数字系统时，如果有人关掉它，你就没有武器来保护自己。"其他国家没有考虑如何承担这些风险，它们只要求拥有某种类似的系统。

无论是现金叛乱组织努力的直接结果，还是对即将到来的入侵的真正担忧，瑞典已经制定了保护现金的立法。[1]英国财政大臣里希·苏纳克（Rishi Sunak）于2020年3月也宣布了类似的计划。[2]瑞典的措施已经获得批准，其原因有二：第一，确保每个人，包括数字弱势群体，能够支付和被支付；第二，确保在系统遭受重大破坏时仍然能够进行支付。这两个原因都十分重要。

瑞典、英国和荷兰的银行、商户和公共部门在从激增的去现金经济活动中获益之后，现在面临着两个问题——**如何**为那些不能或不愿离开现金的人提供服务，以及**谁**应该提供这些服务？由于大量瑞典人和英国人现在只使用电子钱包[3]和电子银行服务，所以他们根本上已经明确反对使用现金。事实证明，因为银行网点关闭、支票消失、拒收现金及取消免费自动取款机（所有这一切都是由让大多数人受益的技术进步而造成的）等，一些人被挤出了支付系统，但要为这些人提供服务并不是一件容易的事情。例如，2019年布里斯托大学进行的一项研究表明，在贫困地区，

---

① 2020年1月，《某些信贷机构提供现金服务的义务法》（*Obligation for Certain Credit Institutions to Provide Cash Services*）在瑞典生效，它要求某些当地信贷机构和外国信贷机构的分支机构向消费者和公司提供现金服务。

② 2020年3月，英国财政大臣里希·苏纳克在发布第一份预算时宣布，英国政府将立法保护人们获得现金的机会，并确保英国的现金基础设施长期存在。

③ 电子钱包是实体钱包的电子版，存放你的银行卡和现金余额，包括苹果支付、贝宝以及中国的支付宝和微信。

人们更加依赖现金，而免费的自动取款机却正在迅速消失。这与经济更活跃的富裕地区形成鲜明的对比。在布里斯托市相对富裕的克利夫顿区的一条街道上，研究人员发现，71％的自动取款机归银行所有（因此是免费的）；而在经济不那么繁荣的伊斯顿，在类似的道路上，只有11％的自动取款机是免费的。

除了现金成本和谁能获得现金的问题，干扰也是一个问题。2017年，当飓风"玛利亚"肆虐波多黎各时，现金是唯一仍然有效的支付手段，但自动取款机却不能正常工作。为了满足现金需求，美联储不得不每天两次空运美钞到波多黎各，并用装甲卡车运到各处分发。波多黎各的例子经常被作为支持加密货币的证据来引用，但这显然忽略了一个事实，即加密货币、自动取款机和数字支付一样依赖于通信网络和电网。

灾难形式各异，规模不同。2020年2月，早在美国因疫情实施封锁之前，美联储就开始对从亚洲回流的美元实施7至10天的隔离，然后再重新将其投放到流通系统中。韩国的同行采取的措施更加严格，命令从像医院这样的高风险地方回流的钞票要使用紫外线进行消毒或者全部销毁。在新冠肺炎疫情肆虐期间，无须实物交换的支付方式突然具有了新的诱惑力，因为有报道称，实物货币可能会促进病毒的传播，所以消费者和商家都避免接触实物货币。数字支付激增，有人预测这可能是迈向无现金未来的转折点。因此，具有讽刺意味的是，大型数字支付服务提供商线上付（Wirecard）在本应该大赚一把的时候却倒闭了。这家德国公司曾被英国的预付卡发行商使用。对于无银行账户的人来说，预付卡通常被认为是现金和银行业务的"新技术"替代品。

提供移动银行服务的Pockit——"简单易用的活期存款账户"——也严重依赖线上付公司。大约50万名英国客户使用Pockit领取工资和福利补贴。2020年6月底的一天早上，他们收到了以下通知："重要更新：您的Pockit账户暂时无法访问。"数百万其他预付卡客户也无法访问账户，无法支付任何费用。原因是什么？审计人员发现线上付公司存在的违规行为致使其资产负债表上的19亿欧元下落不明，Pockit服务器因此申请破产。英国金融行为监管局（Financial Conduct Authority）命令线上付公司在英国的运营商停止"所有受监管的活动"。预付卡一度被认为是解决威尔士佩尼沃恩等偏远村庄问题的方法，但问题还没解决，20亿欧元就没了。

虽然Pockit账户的访问权限在几天内被恢复，但这个小故障突显了无银行账户用户面临的困境。人们寄希望于金融科技企业（利用技术以创新方式提供金融服务的初创企业，见第18章）能够通过"为无银行账户者提供银行服务"，并将支付选项带到以前无法到达的地方，来弥合支付鸿沟。这倒是真的。技术正在推动非洲、印度和其他地区的支付变革，为正规经济带来更多的人力和活力。但这种情况本身也面临着挑战，对于那些无法使用智能手机或者互联网的人来说挑战更大。此外，与银行相比，许多技术提供商不受监管或者受到的监管较为宽松。在这些技术提供商那里存钱有时可能无法享受存款保险，如果这些提供商陷入财务困境，那么客户就会面临失去账户余额的风险。

关于现金的终结还有其他的担忧。我们中的许多人对货币有着情感上的依恋，现金在我们的生活中也扮演着重要的教育角色。没有它，金钱只是一个抽象的概念。纸币和硬币可以让我们触摸、感觉甚至闻到钱的味道（它们各有各的味道），而且对我们的支出施加了自然的预算限制。在看不到实物货币的情况下，孩子们如何了解金钱？如果你的孩子通过应用内付费、屏幕上的数字和一键支付来认识金钱，这对他们意味着什么？

关于现金死亡的报道可能被夸大了，但无现金支付正在稳步地替换现金支付。虽然现在这种替换可能完全是数字的，但类似的做法早在20世纪50年代的一张餐桌上就已经开始。

第
6
章
神奇塑料：
信用卡
的诞生

什么东西有三种类型，但只有一种规格，其精确尺寸为
85.60毫米×53.98毫米，具有半径为2.88~3.48毫米的圆角，又符
合ISO/IEC 7810 ID-1标准呢？

答案无疑比问题更为人所熟悉——信用卡。信用卡是仅次于
现金的最大支付工具，是最为全球化的单一支付工具，也是标准
化的一种胜利。你不能把你的美国插头插进意大利的插座，你不
能在西班牙的铁路上开行法国列车，你不能在三星手机上运行
iOS操作系统，你也不能在美国的街头直接使用欧元，但是，你
却可以把巴西发行的借记卡或者信用卡放到世界任何地方的自动
取款机里。

信用卡的兴起令人震惊。距今大约50年前推出的信用卡，现
在占商店总消费的三分之二。每秒约有1万张卡在进行支付，而

且信用卡的使用量每年都以超过10％的速度增长。与现金不同，信用卡是一种真正国际化的东西。

对我们大多数人来说，信用卡只是一块塑料和月末的账单，但使用这块塑料进行支付的"魔力"还有很多。这些魔力——现在已经扩展到在线信用卡支付，而并不实际使用信用卡——已经通过尝试、错误、意外和大量的帮助被创造出来。骗子在推动信用卡创新方面发挥了关键作用，而信用卡提供商之间反复无常的竞争则导致商家使用成本的上升。信用卡行业通过不断的反省而向前发展，催生了可以说和母行业一样庞大的子行业。我们不妨从头开始讲起。

根据传说，现在无处不在的信用卡实际上源于一个写在"餐巾纸背面"的想法，是纽约商人、大莱俱乐部（Diners Club）的创始人弗兰克·麦克纳马拉（Frank McNamara）在纽约一家餐馆吃午饭时的突发奇想，当时他正等着妻子开车过来给他送钱，因为他未带钱包。这是一个有趣的故事，但大莱俱乐部的原公关人员马蒂·西蒙斯（Matty Simmons）声称这个故事是他自己编造出来的。他说，实际上，这个主意是麦克纳马拉有一次乘坐通勤列车去长岛时想出来的。

较为肯定的是，麦克纳马拉与联合创始人拉尔夫·施耐德（Ralph Schneider）和西蒙斯一起，于1950年2月9日进行了第一笔信用卡交易，当时，他在纽约市的小屋烤肉店使用信用卡为他们的午餐结账。麦克纳马拉将编号为1000的大莱俱乐部的卡递给服务员，服务员则拿给他一张一式三联的复写纸。当麦克纳马拉吃过午饭签好名之后，服务员撕下第三联递给麦克纳马拉，而第一联将被送到大莱俱乐部，中间一联由餐厅自己保管。

最初的计划很简单：麦克纳马拉和施耐德发行记账卡，这些卡可以在纽约地区的餐馆里使用。早期的卡片由硬纸板制成，背面有14家参与的餐厅。每个月，大莱俱乐部都会向持卡人开具其在过去30天内的支出账单，消费总额的93％归餐厅所有，而大莱俱乐部则将其余部分收入囊中。不久之后，大莱俱乐部开始向持卡人收取年费。

1952年，麦克纳马拉的卡出现了脱销现象。可以说，这些卡为签约零售商及公众对该卡的认知打下了良好的基础。10年之内，大莱俱乐部拥有的持卡人数已经超过了100万。那时，它最重要的竞争对手是美国运通（American Express，Amex），该公司以雄厚的财力进入该市场。美国运通起源于特快专递——相当于当时的敦豪航空货运公司（DHL），但在19世纪50年代末通过邮政汇票将业务扩展到金融服务领域，大约30年后，当时的负责人想出了旅行支票的主意，该公司因此蓬勃发展起来。当美国运通进入信用卡市场时，它不仅带来了资金，还带来了品牌和庞大的客户群（已经成熟的旅行支票业务客户群）。

这两家公司，及其规模较小的竞争对手，发行的都是"收费"卡——美国运通现在（很大程度上）仍然如此，要求用户在每个月底付清全部余额——卡片依然是用硬纸板做的。美国运通在1959年推出了第一张塑料信用卡，但真正的革命始于维萨的前身美洲银行信用卡（BankAmericard）。

美国银行和一个与其有竞争关系的银行联盟（该联盟推出了万事达卡）通过三个关键的设计选择，为信用卡的非凡增长和成功奠定了基础。第一，在20世纪50年代末，美国银行推出了真正的"信用"卡，允许客户将余额滚动到下个月，而不是要求他们全额付清（这本身就是一个主题，我们将在第7章详细介绍）。这种信用卡让商人们非常高兴，因为这样一来他们就能够向那些原本没有资金的客户多销售些货物。

第二，在20世纪60年代中期，美国银行绕过了禁止在加利福尼亚以外的地方发卡的州际银行业务限制。其做法是，开放系统，向其他银行发放美洲银行信用卡许可证，进而开发了所谓的"四角模式"——大多数现代支付系统的基础。这让信用卡理论变得更加复杂，但也是它获得成功的关键因素。

四个角指的是相关四方：① 持卡人；② 商家；③ 持卡人的银行，即发卡银行，因为卡是它们发的；④商家银行，即"收单银行"（见图6-1）。

该模式的工作原理是这样的：持卡人将信用卡交给商家，商家将指示传递给他们的银行，即收单银行，收单银行反过来将指令传递给发卡银行。然后，发卡银行检查持卡人是否有足够的信用/余额，如果有，则借记其账户并向收单银行偿付，收单银行反过来贷记商家账户。

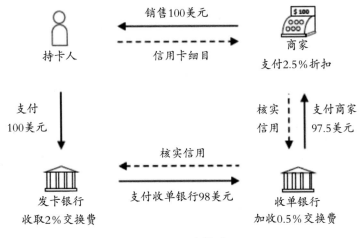

图6-1　四角模式

美洲银行信用卡的第三个关键创新是交换费。该费用消费者是看不到的，它确保了四角模型中银行卡所具有的基本经济性，使得整个循环系统能够畅通运行。如果没有交换费，发卡银行和收单银行会各自根据处理成本做出定价决定。它们将在持卡人和商家之间分摊费用，导致信用卡对用户的吸引力大幅下降。

交换费由商家银行按照发卡网络（例如维萨卡或万事达卡）设定的水平支付给持卡人银行。费用因地理位置、卡类型（信用卡或借记卡）和商家类型（例如超市或酒店）而不同。通常，费用设定为交易价值的1%~3%，由一家银行支付给另一家银行，但该成本对商家和持卡人都有很大的影响。

其工作原理如下：假设交换费为2%，加价为0.5%，持卡人购买了100美元商品，发卡银行先收取"费用"，然后将98美元转给收单银行。收单银行返给商家97.5美元，保留0.5美元作为其成本费。商家因此获得了销售收入，减去2.5美元（销售价值的2.5％）的"商家折扣"（图6-2）。

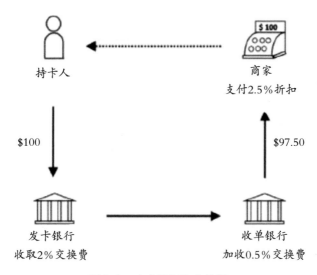

图6-2 商家折扣和交换费

这样一来，发卡行因为处理该交易而获得2％的交换费。你可能会问，为什么要收这笔钱呢？情况是这样的，该费用涵盖了处理付款所涉及的成本，当然，在大多数情况下，这些成本远没有这么高。发卡银行可以使用这笔钱为其信用卡客户提供奖励——享用机场休息室、购物返现及积累航空旅程等。但天下没有免费的午餐，支付亦是如此。

交换费的实际效果是让持卡人觉得信用卡交易是免费的，甚至是有利可图的，并让商家承担所有的显性成本。但决定使用哪种支付工具的是买方，而不是卖方，因此，持卡人需要得到奖励或激励。这与商家不同，商家如果想要进行销售，除了接受信用卡别无选择。信用卡的费用是由持卡人支付的，但我们认为自己没有支付。交换费和处理费等成本可能会向商家而非持卡人收取，但羊毛出在羊身上，他们通常会以更高的价格将成本转嫁给客户。航空里程、忠诚积分、免费保险、现金返还和其他优惠可能会让信用卡看起来很划算，但它们并不是免费的。

你可能会感到惊讶的是，这些交换费和商家折扣在不同的网点之间差异很大，这不仅反映了规模（和实力）的优势，还反映了可能涉及的风险。超市巨头比街角小店支付更少的费用，在所有商家中，夜总会能够拿到最高的折扣。这与其说反映了信用卡行业伪善的世界观，不如说反映了次日早上客户否认此类交易的倾向。第二高的费用由出售手机、笔记本电脑、相机及其他易于转手的电子产品的零售商承担。你可能会好奇，网上的情形如何呢？故事大致相同：网络世界中色情、赌博和电子设备网站的收费要比在线杂货店的收费高得多。

一位信用卡主管曾不得不解决一桩涉及一位石油行业高管的案件，该高管大肆挥霍，具体的操作方式如下：

这名石油商使用私人飞机到德国的4个城市寻求色情服务，在他的黑卡（一张没有额度限制的信用卡）上累积了10万美元的消费金额。当收到信用卡账单时，他否认了这些交易。信用卡主管不得不给每家色情场所打电话，那里的老板很高兴地确认了这位石油巨头曾经光顾的事实，并分享他所享受的服务的细节。他们甚至承认，计算费用时可能还给了他一些优惠。最终，客户、"商家"和信用卡网络之间达成了一项三方协议。

第 7 章
发明之母：信用卡技术的进步

20世纪50年代初，普通美国消费者的个人债务总额（以今天的货币计算）不到2000美元；如今，仅信用卡债务就超过了1万美元。这一切都是因为美国银行的一个革命性构想，即将商家提供的循环授信与必须在月末还清的记账卡（如大莱俱乐部大莱卡）结合在一起。

将便利性和贷款结合起来的想法来自美国银行客户服务研究部，该部门的责任人是二战退役老兵乔·威廉姆斯（Joe Williams）。退役之后，威廉姆斯开车去旧金山寻找工作。他非常欣赏美国银行创始人A. P. 贾尼尼（A. P. Giannini）在银行业务方面的创造性和进取心，于是到后者那里求职。可以肯定的是，贾尼尼也一定看到了威廉姆斯具有同样的精神，因为不久之后，美国银行对威廉姆斯推出信用卡的想法进行了一场豪赌，并选择弗雷斯诺（Fresno）地区进行第一次下注。弗雷斯诺的人口约为25万，45％的家庭是美国银行的客户。1958年9月18日，美国银行为其美洲银行信用卡寄出了6万份预先批准但未经请求的申请。对商家的收费设定得很高，达到6％，但全面覆盖当地消费者的设想使得该行能够迅速与弗雷斯诺的300多个商家签约。

美国银行在进行首推活动时小心谨慎，但很快便开始全力以赴，加速推进。三个月时间，它便拿下了莫德斯托和贝克斯菲尔德两个城市，随后在一年内拿下了旧金山、萨克拉门托和洛杉矶。到1959年年底，美国银行已经在加利福尼亚州发行了大约200万张信用卡，并与2万名商家签约。但问题正在出现。

乔·威廉姆斯曾预测，逾期付款不会超过4％，现有的银行信贷系统可以应对。但不久之后，逾期账户达到了惊人的22％。全州的警察局都被信用卡诈骗案——一种全新的犯罪——搞得焦头烂额，同时还引发了一场政治与媒体创伤海啸。据称在洛杉矶，色情服务者从客人那里盗取信用卡，骗子学会了每张信用卡只消费有限的金额，从而规避授权。盗贼从银行仓库偷走未打钢印的信用卡，并要挟银行将其赎回，否则他们将打上钢印，提高赎金。

威廉姆斯不久便离开了银行。他将问题归咎于洛杉矶银行分行，称其对持卡人的筛查过于宽松。也许吧，但可能还有其他问题。一个臭名昭著的例子是，一些分行居然被要求列出永远不应该获得信用卡的客户名单，在随后的混乱中，它们却反而向名单上的每一个人都发放了一张卡片。

信用卡的故事本该就此完结，但美国银行坚持了下来。它开展了大规模清理行动，实施了适当的财务控制，并向监管机构、政界人士和持卡人道歉。尽管困难重重，它还是设法挽救了这个项目。几年之内，美洲银行信用卡实现了盈利。正如它们所说，剩下的就是历史了。

这是一段有关创造、再创造及（即使失败也可谓是）收获的历史。这样的例子也许并不鲜见，但这个故事中却有着一些有趣的话题。第一，这段历史有多少是由外部人士推动的，包括试图破坏该系统的诈骗犯和试图强行进入该系统的第三方势力？第二，信用卡的成功在多大程度上取决于信用卡网络的力量？第三，我们消费者在多大程度上不关注？

刚开始的时候，信用卡是用硬纸板做的，每次使用时，都必须亲手写上所有的细节。这既费时，又不安全可靠，且容易遭遇欺诈。当美国运通想到用塑料制作卡片时，事情便开始向好的方向发展。这一进步很快导致了手动压印机，这种机器可以从卡片上的浮雕细节中捕捉信息，并将其转移到带有复写纸副本的纸条上。持卡人会在纸条上签名，并保存复写联（手指会被弄脏，钱包也会被账单塞得鼓鼓囊囊），而商家则会将原件寄到他们的银行进行处理。对于大额支付，商家可以打电话给发卡银行寻求授权，这个过程平均需要令人痛苦的五分钟！

20世纪70年代，信用卡行业仍在努力开发新的有效且划算的付款授权方式。考虑到早期未经客户请求而邮寄信用卡及持续存在的欺诈问题，实时授权的必要性显而易见。仅在1973年，信用卡的损失就接近3亿美元，占销售额的1.15％。事后证明，解决办法早已经被找到。

20世纪60年代初的一天，多萝西娅·帕里（Dorothea Parry）正忙家务，她的丈夫福雷斯特（Forrest）——国际商业机器公司（IBM公司）的工程师——回到家里给她讲他在工作中遇到的问题。他的任务是为中央情报局官员设计一张可机读的身份卡。而他的计划是在一张塑料卡上贴一条磁带，但胶水贴的磁带容易扭曲，致使其中的信息无法被读取。

足智多谋的帕里夫人建议他用熨斗把磁条熨烫到卡片上。这一招果然奏效。磁性数据条或"磁条"就此诞生。

关于在信用卡上使用磁条，业内并没有达成广泛共识。但在1979年，时任维萨首席执行官的迪伊·霍克（Dee Hock）宣布，1980年4月之后发行的所有维萨卡背面都必须贴有磁条。如今，帕里发明的磁条每年在全世界的读卡器中被刷的次数高达500多亿次。

该磁条包含验证付款所需的所有信息：持卡人姓名、卡号、授权代码及有效期。它还首次允许以电子方式捕获卡上的信息，这直接导致了另一个游戏规则改变者的问世——现在无处不在的销售点终端（POS，即刷卡机）。到1981年，信用卡公司已经开始向使用新开发自动交易技术、消费金额超过50美元的信用卡商家提供折扣。问题依然还是成本。早期的刷卡机价格接近1000美元，对大多数商家来说，这不是一个可行的选择。

1982年，总部位于美国的支付技术公司惠尔丰（Verifone）设计并生产了一种支付终端，以500美元的售价将其推向市场。两年后，惠尔丰首席执行官比尔·梅尔顿（Bill Melton）推出了标价125美元的ZON信用卡授权系统。1989年梅尔顿退休时，惠尔丰公司已经将第一批100万个ZON系统推向市场。刷卡机使人们能够进行越来越安全的交易，还能够控制客户的账户余额，并允许发行人接受或拒绝交易——尤其是欺诈者的交易。

信用卡技术的下一个关键发展是由出生于埃及的法国人罗兰·莫雷诺（Roland Moreno）引领的。莫雷诺绝对是个全才，他是记者、连续创业者、工程师、发明家、花花公子、幽默大师、作家、"家庭主夫"，甚至还做过一段时间的广播员，但他为人所知（至少在法国）的原因是，他发明了为我们带来智能银行卡的芯片。

自称"懒虫"和"电视迷"的莫雷诺声称，自己是在睡梦中想到了智能卡的概念，并取伍迪·艾伦（Woody Allen）1969年的电影《傻瓜入狱记》（*Take the Money and Run*）的首字母，将其命名为"TMR"。

他最初的想法是在图章戒指中嵌入一个"微芯片"（一种微型电路，可以存储电子数据，并通过扫描仪进行读取和修改）。

这应该是可穿戴设备的鼻祖。不过，他最终还是将其镶嵌在了更为平淡无奇的塑料卡片上。因为其中内含的芯片十分微小，所以莫雷诺将此卡称作磁卡（la carte á puce，puce在法语中意为跳蚤）。1976年，莫雷诺首次展示了此卡在电子金融交易中的应用，当时读卡使用的机器是由麦卡诺（Meccano）玩具公司组装的。这听上去像是儿戏，实际上却是一个天才的发明。这种芯片成为"芯片卡付款系统"授权的基础，最初用于法国的"蓝卡"信用卡，现在在世界各地的借记卡和信用卡中都可以找到它。

磁条、POS机和莫雷诺的芯片都是使用借记卡的先决条件，因为借记卡需要在线授权。使用借记卡进行交易时，金额直接从持卡人的银行账户中扣除，他们不必在月底进行清算或延期付款。换句话说，信用卡有助于额外支出，借记卡用于"预算内"支付。

从一开始，借记卡的用途就是代替现金，而不是代替信用卡。它们提供了比现金更大的便利性——不再需要去银行或者往钱包里塞满钞票——以及更好的流动性：只有当实际消费时，才被记入借方，你不必通过预先提取现金来进行"预融资"消费。但事实上（的的确确），发明借记卡的不是信用卡公司，而是银行。

银行最初以两种截然不同的方式推出借记卡。其一，它们允许顾客在商店使用自动取款机卡。自动取款机于1967年面世，并在20世纪80年代遍及各地，银行向客户发放自动取款机卡和个人识别码（PIN）以提取现金（具有讽刺意味的是，虽然自动取款机让现金的获取更加方便，但也为借记卡的广泛使用铺平了道路，借记卡在取代现金方面发挥的作用比任何工具都大）。其二，银行给商家提供的终端实际上是迷你自动取款机，配有数字个人识别码供客户使用。通过这种方式，银行将借记卡塞进了客户的钱包，这些卡与他们发行的在自动取款机上使用的借记卡一模一样。

重要的是，这种借记卡交易对商家来说非常便宜，每笔交易的费用大约为10美分，远低于他们在信用卡交易中支付的费用（1~2美元）。从未接受过信用卡的商家，如小型杂货店、街角小店和独立精品店，也开始接受借记卡。

维萨及其银行并没有对这次侵袭视而不见。相反地，它们推出了自己的"签名卡"——基本上是变相的信用卡或借记卡。

对商家来说，这些卡看起来和信用卡一模一样，处理方式也一样：卡片上印有公司的标识，顾客购物刷卡时需要签名，就像他们使用信用卡一样，签名卡因此而得名。但对于持卡人来说，情况就大不相同了。这种卡没有月度余额或循环信贷，相反，交易直接从客户的活期账户中扣除。但其主要优势是：个人识别码借记卡只能在商家拥有附带可输入个人识别码键盘的终端的情况下使用，但签名借记卡可以在任何接受信用卡的地方使用。[1]

------

[1] 从一开始，所有带有维萨标志的商家都可以使用签名借记卡。万事达卡也做了同样的事情，但有一些延迟，因此维萨卡仍然是借记卡中更强大的力量。

在某种程度上，签名借记卡和个人识别码借记卡都是秘密推出的，可能是因为使用这两种借记卡的理由没有信用卡那么直接。银行通过在现有卡上增加借记功能，将个人识别码借记卡塞进持卡人的钱包，信用卡公司将签名借记卡受理功能植入商家的信用卡终端。

迄今为止，一切尚好。但互联网的出现使人们有了进一步发挥聪明才智的空间，并因此使银行卡业发生了一场颠覆性变化。假如你有一张白纸，并且不得不为虚拟世界发明一种支付工具的话，那么，你不太可能在纸中间草草画一张3英寸长的塑料卡了事。不过，信用卡的确已经成功地向在线支付进行了转移，而且正处于电子商务的中心。它们是怎么做到的呢？

信用卡行业很早就开始尝试远程支付。早在互联网出现之前，美国人和英国人就通过电话从邮购目录中订购商品。随后出现了家庭购物电视频道，经营者包括QVC公司（全球最大的电视与网络百货零售商，1986年成立）和其他基于手机的零售商。在冗长的社论式广告中，电视屏幕上打着一串供观众拨打的电话号码，节目主持人敦促观众"在最后一次报价时赶快拨打电话"。每一场表演结束时，主持人都会骄傲地吹嘘说"我们接受所有主流信用卡付款"。买家只需在电话里说出自己的姓名和卡号即可。

"无卡支付"（CNP）极易引发欺诈，因为支付时无须出示本该验证的卡或者持有人的签名，还极易导致更多的退单①，因为持卡人经常声称他们没有收到或不喜欢订购的商品。因此，无卡支付在过去（现在仍然）需要支付更高的交换费，而收单银行也要收取更高的加价。较高的交换费有助于弥补相关的损失，因为通过电话销售的商品往往本身利润也比较高。

网络购物诞生于20世纪90年代，而信用卡行业在手机购物方面的经验被证明极具价值。消费者已经习惯于远程使用信用卡，信用卡公司对无卡支付购物的应对也驾轻就熟。

然而，事实证明，与**在线**商家签约更为棘手。通过电话销售的商家通常都是大型服装企业，但互联网让许多小型企业参与进来。例如，易贝就吸纳了各种卖家，从出售自制刺绣的"夫妻"电子商店，到出售从汽车到沙发等一切商品的普通民众。

这种情况带来了两大挑战：首先，微型供应商可能会收钱而不发货；其次，在网上银行出现之前，如何向不能接受信用卡的供应商付款。当时，接受信用卡的商家必须与银行签订合同。现在，银行没有足够的设备来为新一代的微型供应商提供服务，而信用卡公司又无法联系到它们。基于这种情况，贝宝应运而生。

贝宝解决了所有这些问题及更多问题。它引入一个"代管"账户系统，允许消费者刷卡支付，并在收到商品之前一直持有资

---

① 退单是指当持卡人对交易提出异议并被核实后，比如在其信用卡被冒用时，其付款被撤销的行为。

金。通过使用专门的算法和评分系统来发现欺诈交易和商家，欺诈管理成为贝宝的关键功能之一。它曾一度在易贝上处理了超过70％的交易，为该公司在随后的在线销售爆炸性增长中找到了理想的定位。

苹果支付等移动钱包接管了贝宝未涉及的领域。这些"钱包"并非要取代信用卡，相反地，通过将信用卡数据安全地存储在手机上，人们就不再需要随身携带信用卡了。把你的手机靠近终端，然后嘀的一声，搞定，咖啡就是你的了。因为信用卡的数据可以从手机里轻松地检索到，所以网上购物变得更加容易。这为懒惰的消费者带来了便利，同时也是信用卡公司的一次突破性进展，而且毫不费力（当然，发卡机构在这一过程中可能确实遭受了一些损失）。

这并不是说信用卡公司一直都是局外人。它们其实也做了很多事情，例如，将专属性提升到了一个新的高度。如果你符合要求，你就可能会被邀请购买迪拜第一皇家万事达卡（Dubai First Royale Mastercard，世界上最奢华的卡）。该信用卡的左边和上边都镶着金边，还有一颗0.235克拉的钻石镶在中间。这种信用卡没有限额，属于邀请制卡，而且还配有专职客户经理。著名的美国运通百夫长卡（Centurion American Express cards）由钛金打造，配有"礼宾服务"，可满足特殊需求。它们的声誉是通过点滴故事积累起来的，比如有持卡人想得到电影《与狼共舞》（*Dances with Wolves*）中凯文·科斯特纳（Kevin Costner）骑的那匹马，客户经理居然找到了它，并将它亲自送给客户。

"邀请制"信用卡是专为少数人设计的。其他人只能申请更"普通"的信用卡。即便如此，并不是每个人都能满足申请标准。没有信用卡的生活并非不可能，但是相当困难。维萨和万事达通过在预付卡上贴上标识，用它们自己的网络处理这些信用卡，由此改变了自己的业务规模和业务覆盖范围。

预付卡并无什么新奇或创新之处，在信用卡诞生之前，商店就已经开始发放礼品卡和代金券了。长期以来，人们购买多用途礼品卡，金额为20美元、50欧元或100英镑不等，并作为礼物赠送给他人，收到这些礼品卡的人便可以在相关商店进行消费。但当维萨和万事达进入该领域之后，突然之间，所有的预付卡都可以在任何接受该卡的商家（包括在线商家）及自动取款机上使用。你甚至可以把你的工资存入预付卡，这一做法实际上是把它变成了一种简单的银行账户，当然，这个账户并非总能享受到普通银行账户所享有的那种保险保障。但是，新的持卡人数量剧增，预付卡几乎完全普及。

许多美国人将这些卡作为账户，如今美国人每年在这种"通用可重复储值卡"（general purpose reloadable cards）上的花费超过50000亿美元。它们已经走向全球。在欧洲大陆，拥有信用卡的消费者相对较少，预付卡已经作为旅行卡开始流行，用于预订酒店、租车或者支付育儿费用。事实证明，这些卡在新兴市场也很受欢迎，在那里，它们被宣传为易于访问的银行账户，甚至可以与其他卡——例如（预付费）移动电话卡——进行组合。在尼日利亚，人们更进了一步，人们甚至可以把身份证兼作预付款（主）卡，这可谓一个前所未有的、"极富吸引力"的想法。

预付卡的成功进一步证明了信用卡网络的力量。是的，它们有能力也愿意创新、采用和推动其现代化，但最重要的是，它们有足够的规模和影响力来推动其大规模的使用。正如我们在苹果支付和贝宝身上看到的那样——我们将在金融科技的狂热中再次看到，它们依靠自身实力，通过鼓励外部人士通过其进行创新，或围绕其进行新的构想，让自己变得更加强大。不管你是爱它们，还是恨它们，如今，一个没有信用卡网络的世界已经不可想象。

第 8 章

铸造塑料：从信用卡到借记卡

1966年，美国著名外交官和公职人员乔治·W. 鲍尔（George W. Ball）辞去其在国务院的职务，加入雷曼兄弟银行。上任之后，银行里庞大的流动资金使其颇感震惊，有人听到他问："为什么以前没人告诉我有关银行业的事？"

如果鲍尔现在还活着的话，那他肯定不会在雷曼兄弟银行工作①，而且也决不会想在银行业工作。如今，信用卡行业的利润要高得多。事实上，在2020年3月，《经济学人》杂志指出，尽管股价暴跌，但是一家不起眼的支付处理公司却崛起成为世界上最有价值的金融服务公司，它就是维萨。维萨甚至超过了强大的摩根大通，其价值超过了欧洲前十大银行的总和（这可能更多

---

① 雷曼兄弟银行于2008年9月倒闭。

地说明了欧洲银行的盈利能力也很强）。万事达——维萨曾经的
对手——表现得也不太糟糕，尽管其市场份额仅为维萨的70%左
右，但其价值仍然相当于花旗银行和美国银行的总和。

如今的信用卡网络——通常指西方的维萨和万事达、中国的
银联和日本的信用卡株式会社——连接着全球约25000家发卡和
收单银行。如果你喜欢，你也可以将其称为连接车站的轨道。它
们在商家和银行之间传输信息，并把钱从发卡行"转账"到收单
行——当然，它们在其间赚了很多钱。

除了向发卡机构征收的外汇费和年费，维萨和其他公司的收
入主要来自保证我们信用卡正常运行的计算机处理和通信业务。
从表面上看，每一次交易都是一笔小钱，但加在一起就不一样
了。这些公司还不断地提供欺诈检测和其他辅助服务，力图打造
一个舒适（和令人垂涎）的网络。

发卡机构可以保留高额的利息收入和（扣除成本的）交换
费。"收单机构"（银行或独立支付处理机构，以及制造和租赁
销售点终端的人）也会从商家那里获得利润，获利多少取决于商
家使用什么样的服务。

如今，维萨和万事达比银行更有价值，但最初，它们由2万
多家银行共同拥有，其中包括摩根大通、花旗银行和美国银行。
当这些银行看到信用卡网络的估值超过了自己的估值时，它们一
定在不停地自责：怎么能允许这种事情发生？

1996年，以沃尔玛、西尔斯和西夫韦为首的一批美国零售

商，代表美国所有接受维萨和万事达信用卡和借记卡的零售商发起了一场诉讼。实际上，400万零售商正在寻求高达1000亿美元的前所未有的损失补偿。维萨和万事达的总价值现在超过了50000亿美元，因此，所涉及的潜在损害可能看起来很小。但在当时，银行老板们都害怕被法院判决承担责任。毫无疑问，这一点在他们做出出售信用卡网络的决定时起到了重要作用。

零售商指责维萨和万事达利用信用卡市场的双寡头势力控制借记卡市场。他们抱怨的核心是所谓的"尊重所有卡片"规则，根据这一规则，如果商家接受了某公司的**一种**卡，就必须接受该公司**所有**的卡。如果他们接受维萨信用卡，就必须接受维萨签名借记卡；万事达卡也是如此。为什么这一点的争议那么大？

如果客户使用签名借记卡，零售商必须支付与使用信用卡相同的交换费和商家折扣费。（对商家而言）其缺点是，使用签名借记卡不会鼓励客户增加支出。沃尔玛等零售商一直接受使用信用卡购买大额和高利润的商品，比如烧烤机等。但现在，顾客使用签名借记卡只会购买食品杂货和清洁用品等利润微薄的产品。如果零售商们想继续接受信用卡，就必须接受代价更昂贵的签名借记卡。对于沃尔玛和其他公司而言，这一隐晦操作仿佛是在对其施压。

2003年，维萨和万事达以大约30亿美元的代价解决了这起诉讼，并将签名借记卡的交换费降低到信用卡交易费的一半左右，同时废除了"尊重所有卡片"规则，允许商家自由选择银行卡。

　　信用卡网络看起来像是经历了一场完败，但实际上，它们大胜了零售商。维萨和万事达只是购买了美国的自动取款机网络，来处理个人识别码借记卡交易，然后将这些交易的交换费提高到与签名借记卡相同的水平，约为交易价值的1％。这实际上意味着，商家为个人识别码借记卡交易支付的费用与为签名借记卡交易支付的费用相同。因此，虽然和解协议允许商家只接受个人识别码借记卡，拒绝签名借记卡，但这一点是没有意义的，因为这些卡的费用是一样的。

　　2010年，美国国会提出异议，并通过了限制借记交换费用的《德宾修正案》（*Durbin Amendment*）。我们之所以提到这一点，是因为该修正案实施的限制并没有那么严格：平均40美元的借记交易费上限设定为大约0.6％——比以前低。但这仍远高于欧洲，欧洲基本没有借记交换费用，在为数不多的几个收取交换费的地方，其收费也仅为美国的三分之一。

　　借记卡的回报率可能较低，却在全世界得到广泛的使用。全球50％的信用卡交易发生在美国，而三分之二的借记卡支付却是在美国**之外**的地方进行的。借记卡继续以两位数的速度增长：年增长率达到了12％，而信用卡仅为8％。

　　对维萨和万事达来说，一切都再好不过。它们几乎主宰了世界其他地区。相较于美国，欧洲大陆的信用卡使用范围还十分有限，除了旅游和娱乐行业，其他行业几乎没有人接受信用卡，但借记卡已经填补了这一空缺，维萨和万事达自然也分得了一杯羹。

虽然起步比美国晚了好几年，但欧洲这个古老的大陆还是在20世纪80年代开始认真地推广自动取款机。由于信用卡没有被广泛使用，所以大多数欧洲国家从未发行过签名借记卡。相反地，它们将焦点放在了个人识别码借记卡上，这些卡受到了消费者和商家的欢迎。毫无疑问，对消费者来说，他们可以免费使用这种卡；对商家来说，其使用成本也非常低。2019年，美国人平均每人进行了约240笔借记交易，荷兰人超过280笔，瑞典人将近300笔。尽管有一些人提出抗议，但瑞典已经成为无现金未来的典范，这在很大程度上要归因于借记卡。

当借记卡在20世纪90年代末和21世纪初在欧洲兴起时，各国的方案不尽相同。令欧洲旅行者非常沮丧的是，借记卡最初不能在国外使用。欧洲储蓄银行金融服务公司（EUFISERV）、顺利卡和万事顺卡（CIRRUS/Maestro，万事达发行）及V-pay（维萨发行）最终将这些国家的网络连接在一起，使客户不仅可以在欧洲各地的自动取款机提取现金，还可以在欧洲大陆各地的商店里使用他们的卡。

维萨和万事达卡在欧洲的业务稳步增长。2016年，总部位于美国的维萨公司以212亿欧元的价格从其欧洲所有者手中收购了维萨欧洲（Visa Europe），而万事达于2001年与欧洲付（Europay）合并，并于2017年以7亿英镑收购了英国支付系统商

Vocalink的网络。如今，几乎所有欧洲跨境借记卡交易和许多欧洲国家内部交易都通过该网络进行。

颇具讽刺意味的是，欧盟官员曾梦想建立一个单一的欧洲支付体系，但这一梦想实际上是通过两个美国网络实现的。极力推动建立"单一欧元支付区"（SEPA）的欧盟当局并没有忘记这一尴尬的现实，因此，它时刻不忘谈及莫雷诺的神奇电子付款芯片在该体系中所发挥的关键作用，而且乐此不疲。①

中国开发了自己的系统——银联。银联于2002年推出，无论以何种标准衡量，现在都已经非常强大。银联卡的流通量高达数十亿张，被世界各地数百万商家所接受。银联的大部分活动都在中国内，但它在中国以外（大部分是在中国人经常光顾的地区）也发行了约1亿张全球认可的银行卡。②中国的信用卡债务高达10000亿美元，与美国持平。相对国内生产总值而言，中国的信用卡债务相对更高，占国内生产总值的7.5％，而美国只有4.8％。

欧洲大概并不希望其公民承担类似的债务水平，但它仍然希

① "单一欧元支付区"协调了全欧洲无现金欧元支付的方式，使得欧洲消费者、企业以及公共行政部门在相同的基本条件下进行支付交易。这是一项跨行业合作倡议，由欧盟委员会推动，并得到欧盟法规（指令2007/64/EC和法规EU 924/2009、260/2012）的支持。

② 相比之下，根据creditcards.com网站统计，维萨卡的流通量约为12亿张，万事达卡的流通量约为10亿张。

望拥有自己的网络。尽管建立欧洲信用卡网络的尝试几经失败，但欧盟委员会仍在不断地进行这样的呼吁。然后，在2020年中期，一批欧洲主要银行——或许是受到了维萨和万事达估值的启发（或激怒）——突然推出了欧洲支付计划项目，其目标是"为整个欧洲的消费者和商家创建统一的支付解决方案"，这一愿望令人印象深刻。这是一次雄心勃勃的尝试，旨在克服欧洲碎片化的金融格局。但欧洲人在支付习惯上仍具有顽固的国家色彩，而维萨和万事达长期以来一直主导着这一领域。让任何一方发生改变都不是一件容易的事。

第三部分

地　理

如果信用卡那么好，为什么人们还会使用其他方式进行支付呢？比如说，美国人为什么还要开那么多支票呢？

支票是最古老的支付方式之一，它易损、烦琐、速度慢，且有时效性限制。它具有现金的许多缺点，而且在即时性、确定性、匿名性和普遍性方面也毫无优势。当你使用支票进行支付时，被支付人必须把它拿到或寄到他开有账户的银行，然后再从那里返回到你的银行。之后便是支票兑现——**如果**收款人持有支票的时间不是太长，**如果**支票的状况良好，**如果**收款人地址正确，**如果**付款人的账户中有钱，那么你最终会拿到付款。"**如果**"真的太多了。

虽然在结账柜台使用信用卡可能更加方便，但美国人仍然喜欢开支票。如今，几乎所有其他国家的人都在使用银行转账，美国人却依旧使用支票进行支付。美国每年开具的支票大约有150亿张：每个美国人每周开一张！具有讽刺意味的是，在这个发明了银行卡，催生了贝宝、苹果支付，构想了天秤币（现在的Diem，脸书的加密货币项目）的国家，支票居然最受欢迎。全世界四分之三的支票是在美国开出的，没有哪个国家能与之相提并论（紧随其后的是法国，占支票开具总数的10%）。

经济学理论认为，人们选择支付方式的依据是该方法对他们的有用程度，即好处减去坏处或者成本。有人可能会说支票有一些好处。支票需要几天时间才能兑现，在这段时间里，你的账户里要有钱。此外，如果你是通过邮局邮寄的支票，或者接受方过了一段时间才兑现支票，那么你持有这笔钱的时间可能会延长。因此，延迟兑付支票便有了一个众所周知的借口："支票在邮寄中。"支票接受方可能看不到太多的好处，然而，即使这笔钱需要经过一段时间才能到达他们的手里（当然，他们也期望出票人手上有足够的资金，来确保该支票不会被拒付退回），但他们相信自己早晚会拿到这笔钱。

支票另一个被忽视的优点是不容易出现"胖手指"错误，即付款人输入错误的金额。[1]这种情况发生的频率比你想象的要

---

[1] 毫无疑问，支票确实存在"笔误"的风险，出票人可能会输入错误的数额。这些错误要么很罕见，要么没有像转账错误那样受到同等程度的关注。

高，而且，它不仅仅只发生在我们这些小人物身上。2020年年中，花旗银行错误地向客户电汇了100倍于其应收的钱，总额高达9亿多美元。2018年，同样的事情发生在一名不幸的德意志银行员工身上，他错误地电汇了350亿美元，这笔钱比该行的总市值还多50亿美元。

从理论上讲，有一个系统应该能够很好地防止此类错误的发生。银行账号**应该**进行所谓的"奇偶校验码检查"，以防止"胖手指"错误：例如，最后一个数字的值可能取决于前面所有数字的值和位置。如果你不小心切换了两个数字，奇偶（校验）数字将无法计算，支付也将无法执行。

然而，奇偶校验并非万无一失。2019年，一位不幸的英国人将错误的银行代码交给了处理其父亲遗产的律师，随后为此付出了代价。那位律师及时指示巴克莱银行将19.3万英镑汇入指定账户，然而，这笔钱却没有进入那个英国人的账户，而是转到了另一个人的账户中。令人难以置信的是，巴克莱银行竟然为两个不同的客户提供了相同的账号，只是银行代码中有一个不同的数字而已。银行代码中没有本可以阻止这场事故、也可以作为巴克莱银行一个借口的奇偶校验数字。即便如此，巴克莱银行也拒绝冻结和返还资金，只是向受害者提供了25英镑的赔偿。

巴克莱银行并不是唯一一家面临这些问题的银行。2020年4月，当美国政府的2万美元刺激计划上线时，美国国税局（US

Internal Revenue Service，IRS）被指控将刺激资金存入了接受方的账户。在很多情况下，现金会被转到错误的账户上，所以国税局不得不转而使用邮寄支票的办法。

错误的银行转账帮助揭开了瑞士银行神秘账户的面纱。与普遍的看法相反，这些账户并非匿名，瑞士银行十分清楚账户的主人姓甚名谁，"区别"在于，你可以在不提及（甚至不知道）受益人姓名的情况下向瑞士账户汇款。

尽管这些秘密让瑞士账户吸引了大量的公众关注，但这一特征绝非其独家所有。直到2019年，英国银行才开始核查转账单上的姓名。此前，你可以直接向朋友的账户转账，哪怕在收款人一栏填上"米老鼠"，只要账号和银行代码正确，钱也会正常到达。令人难以置信的是，"收款人确认"（Confirmation of Payee）这一做法直到2020年年初才在英国推出。英国消费者协会估计，如果这项措施3年前开始实施，就可以避免3.2亿英镑的转账损失（和欺诈）。

回到普通支票，原则可能是一样的，但支票**已经**与时俱进。在英国，一个半世纪前，你只能在距离开证行10千米的范围内开具和兑付支票。就在20年前，美国银行还在将装满支票的袋子空运到全国各地。2001年"9·11"袭击之后，美国所有航班停飞一周，美国的支票处理工作突然陷入停滞状态，这时人们才有了足够的动力转向使用图像扫描方法对其进行处理。自2004年以来，美国的银行开始对接收的支票进行扫描，并将图像以电子方式发送给开票行。这样一来，支票变得更加容易使用，处理成本也更低。但这依然难以解释为什么支票在美国（而非其他任何地方）仍然如此受欢迎。

现实是，我们的支付偏好具有明显的国家色彩。德语国家例如德国、奥地利和瑞士现金使用率仍然很高，而法国、比利时、荷兰、卢森堡和斯堪的纳维亚半岛国家等国的现金使用率一直在下降，现在已经比德语国家低得多。德国人也喜欢直接借记和定向支付。通过它，消费者可以授权公用事业公司和电信提供商等从其银行账户中按月支付发票款项，每个德国人每周超过2次，其他国家没这么多。例如，瑞士人每人每月直接借记不到1笔（所以，守法的瑞士市民在邮局里拿出面额1000瑞士法郎的纸币来支付账单也许是真的）。只有荷兰人比较接近，每人每周直接借记约为1.5笔。尽管他们对现金的喜好程度与德国人不同，但也许他们和德国人一样喜欢循规蹈矩。每个国家都有自己的支付组合。

长期以来，"我们的支付方式"一直让经济学家和研究人员感到困惑。他们试图利用解释变量，如犯罪率（低犯罪率意味着盗窃案减少，可能有利于现金的使用）和利率（高利率可能有利于需要时间清算的支付方式，比如支票），对各国支付方法的使用情况进行建模。但事实证明，这些变量并不能很好地解释我们所做的选择。

相反，研究人员发现，较低的信用卡使用率与较低的信用卡接受度相关。当然，人们想知道其中的因果关系，某些国家的信用卡使用率低是因为它们的接受度低，还是因为那里的人们不喜欢使用信用卡而导致其接受度低呢？这些变量也不能真正解释国家之间的差异。如果美国人对支票的偏好是因为支票与其他替代方式相比更具吸引力，那么，为什么支票在其他具有同样替代方式的国家几乎不被使用呢？

部分原因可能与我们的支付习惯有关。每次支付时，我们都会对付款**方式**做出选择。也就是说，我们如何支付和被支付不仅取决于**我们**自己，也取决于我们周围的人想要如何支付和被支付。一种支付机制，无论它是基于银行账户，还是基于钱包、银行卡、现金或者其他任何形式，只有在被接受时才会有用。这种接受取决于习俗和习惯，其中一些是"软的"，比如文化偏好；而另一些则是"硬的"，比如有多少商家拥有可以读卡的终端。两者都很难改变。

为了弄明白为什么这些约定如此难以改变，从而解释为什么美国人会开出那么多支票，我们必须看看支付中两个最重要（也是最吸引人）的元素的作用：遗产和网络。

大约200年前，才华横溢的工程师伊桑巴德·金德姆·布鲁内尔（Isambard Kingdom Brunel）接到修建从伦敦到布里斯托的大西部铁路（Great Western Railway）的任务。就在8年之前，曼彻斯特至利物浦铁路修建完成。这一次，他认为1435毫米的斯蒂芬森轨距（标准轨距）太窄，所以抛弃了它，转而选择了2134毫米的轨距。大多数铁路工程师都会同意布鲁内尔的观点，大西部铁路的确需要一个更大的轨距。该轨距的广泛采用会为英国客运列车提供更高的速度和稳定性，并提高其急需的载客量。然而，虽然一切都准备就绪，但无奈斯蒂芬森轨距在人们的头脑中早已根深蒂固。布鲁内尔最终不得不接受失败，大西部铁路被迫做出改变。对于那些对火车感兴趣的人来说，最后一列开往布里斯托的宽轨列车是**飞行荷兰人号**，它于1892年5月29日停止运行；取而代之的是第二天11：45从帕丁顿发车、在标准轨距上行驶的平淡无奇的列车。

布鲁内尔的标准成了"网络效应"（network effects）的牺牲品。这个术语的意思是网络的"价值"取决于用户数量。购置电话和传真机的**成本**可能很高，但如果没有人打电话或发传真，那它们的**价值**就会十分有限。随着越来越多的人开始使用电话和传真机，它们的价值就会逐步增加。同样地，随着越来越多的人使用脸书，其价值也在升高。这种效应不局限于网络，还适用于标准、法律体系、语言等约定，其效应取决于使用规模。

从经济意义上讲，支付机制与这些网络类似：一种支付形式能够给一个人带来多少益处取决于它有多少用户。一张银行卡的价值取决于你可以在哪里使用它。支票之所以被广泛使用（在美国），是因为它们得到了人们的普遍认同，有法律框架来对其进行管理，而且同样重要的是，它们已经是美国文化的组成部分。

网络效应在支付系统中无处不在，你完全可以就此写一篇完整的博士论文。

首先要知道的是，支付网络很难建立，它们需要一定的用户数量才能够生存，但一旦建立起来，就具有巨大的价值。这是一个"先有鸡还是先有蛋"的问题：商家只有在客户有卡的情况下才会安装终端，而客户只有能够在商家那里使用卡的情况下才会办卡。借记卡就是这么诞生的：当签名借记卡可以在现有商家中使用时，个人识别码借记卡才被添加到现有的银行卡中（见第7章）。这两种卡片都打破了"鸡和蛋哪种先到"的难题，只是方式不同而已。

你可能已经注意到了20世纪50年代信用卡的诞生与50年后脸书和贝宝的发展之间的相似性。信用卡由一小群食客与其经常光顾的纽约餐厅之间的协议发展而来，脸书始于一位哈佛大学的学生，而贝宝最初的使用者则是美国易贝的买家和卖家。然后，他们各自通过进入类似的利基社区进行扩张：加州食客开始使用信用卡，斯坦福大学学生开始使用脸书，美国以外的易贝用户开始使用贝宝。它们都是先在具有类似交易利益的小社区中建立起临界群体，然后专注于特定类型的活动，不断扩大，直到临界点，尔后再进行横向扩张。

网络具有很高的价值，一旦建立起来，就可能变得极其强大，难以削弱。对网络效应的科学研究已经产生了一些不明显、不直观的见解，例如，最好的标准并不总能获胜。事实上，网络效应使"赢家通吃"的局面成为可能，最大的网络对几乎所有潜在用户的吸引力比任何其他网络都要大，即使其功能不那么吸引人。下次付款时请记住这一点：我们做出的每一个选择都可能会增强某个支付网络的实力，同时削弱另一个支付网络的实力。

同样的现象也会让成熟的网络在发生重大技术变革时实现超越，即使它们一开始似乎落后于形势。还记得脸书如何巧妙地从个人电脑端移动到手机端，而没有被本土的智能手机竞争对手取代吗？或者，正如我们从信用卡身上看到的，网络是如何成功实现多次技术迁移的吗？无论现有的网络看起来多么过时，但在其基础之上继续发展肯定比从头开始更为明智。

我们最喜欢的标准超越技术的例子就是航天飞机的宽度竟然是由马屁股决定的故事。航天飞机助推火箭的宽度不能超过航天飞机前往发射台途中必须穿过的铁路隧道的宽度。铁路隧道的尺寸是由铁路轨道的宽度或轨距决定的。[①]当斯蒂芬森设计世界上第一条铁路（曼彻斯特至利物浦）时，轨道宽度是由矿场和电车轨道的宽度决定的，而矿场和电车轨道的宽度又是由拉车的马的宽度决定的。马车的设计者可能使用了双轮敞篷马车所需的标准宽度，这种宽度可以追溯到古罗马时期。因此，在某种意义上可

---

① 斯蒂芬森最初设计的轨距为1435毫米，后来增加到1448毫米，以便在车轮和轨道之间留出更多空间。

以说，古罗马人也参与了航天飞机的设计。

这就是经济学家所说的"路径依赖"（path dependence）。如果布鲁内尔早点修建铁路的话，我们很可能会有更宽的轨道，英国的火车可能会为乘客提供更多的座位，而航天飞机也会有更大的火箭助推器。美国人说英语是因为最早占主导地位的移民来自英国，尽管德国人后来到达的人数更多。如果德国人先到的话，那么我们现在可能是在用德语写——你正在读的——这本书。因此，问美国人为什么要开支票，等同于问英国人为什么靠左边开车，我们为什么使用家用录像系统（VHS）而不是盒式录像机系统（Betamax）录像制式，以及美国人为什么（几乎是世界上唯一）使用华氏温标来测量温度。是的，即使他们想改变，现在也很难改变了。

虽然路径依赖听起来无害，但这种影响通常被称为"锁定"，这一术语能够更贴切地描述消费者和监管机构的沮丧情绪。就像消费者可以被锁定在系统中那样，整个国家都可能被锁定在支付工具中，个人在这方面几乎别无选择。消费者成了地理的囚徒，他们的支付偏好受制于国家约定。

抛开挫折不谈，网络仍然是一个非常有趣的话题。它们将支付系统与历史联系在一起，支持建立在已有基础上的解决方案。但这种情况也有不利的一面：假如没有这些历史遗存，一切应该会发展得非常快。回想一下，当新生的社交媒体脸书出现在一个拥有3亿居民的大国——美国，且大多数人又配备了电脑和网络时，其快速的发展就很容易理解了。现在想象一下，在另一个传统支付系统相对不发达、但14亿居民大多配备了智能手机的大国——中国会发生什么。

第10章

从头开始：中国和肯尼亚的移动支付

　　2019年，普通人使用信用卡支付超过100次，年交易总额达到5000亿，这是银行卡半个多世纪稳步扩张和创新的结果。这些数字令人印象深刻。同年，仅在中国，就发生了大约5000亿次移动支付，人均几乎350次。其中的大多数支付都是通过两个应用程序——支付宝和微信——完成的，而这两个应用程序在2019年之前经历了大约5年的爆发式成长。

　　为了让大家了解中国的数字有多么惊人，我们不妨看一看图10-1，该图显示了2019年25个主要的非现金支付国家的细分。中国人口约占全世界人口的20%，但非现金支付几乎占了全世界的60%，每年约为12000亿。两款中国"超级应用程序"占据了全球近三分之一的份额，而且这个份额还将增长，因为它们的增长速度比其他支付工具都要快。

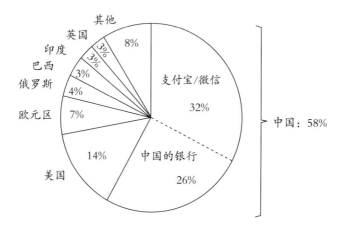

图10-1 2019年按国家划分的非现金交易份额

支付宝和微信在短短几年内将中国从一个以现金为基础的社会提升为电子支付领域的世界领先者。但中国并不是第一个见证移动支付获得如此惊人普及的国家。

2019年，肯尼亚全国人口共用约7万条电话线，平均每100名居民不到1条固定电话线。与此同时，该国却拥有将近5500万手机用户，即每个居民大约有一部手机。肯尼亚越过固定电话通信，直接跳转到移动电话通信。因为拥有庞大的基本移动电话用户群，又无既有支付网络，所以肯尼亚使用一种令人惊讶的简单技术，迅速推出了一个有效的支付系统。

肯尼亚移动钱包M-Pesa由沃达丰的肯尼亚合伙人萨法利通信公司（Safaricom）于2007年推出，使用简单的短信从预付款中（一种电话费）进行转账。该系统适用于所有手机，即使是没有智能手机功能的普通手机也可以进行操作。为了让客户将电话费转换成现金，M-Pesa使用了一个销售预付电话卡的供应商网络。这些供应商不仅从购买预付卡的人那里收取现金，还可以充当自动取款机，向客户支付现金，同时从后者的M-Pesa账户中进行扣除。

该系统的使用率高得惊人，推出10年后，肯尼亚几乎人人都拥有一个账户，其处理的价值相当于该国国内生产总值的50%。相比之下，西方国家通常需要20多年的时间才能完成新支付技术的推广。第一个10年，M-Pesa就已经实现每位居民每年35笔的交易量。

支付宝比M-Pesa早推出3年。它最初是一个基于在线个人电脑的解决方案，直到2013年才真正开始腾飞，这要归功于这个拥有14亿人口、智能手机无处不在的国家（相比之下，肯尼亚只有5100万人口）。

M-Pesa和两款中国移动钱包都是封闭系统，用户可以在其中轻松地向其他用户转账。账户中的钱来自他人支付、银行账户转账，或者自己存入。在通过电话号码或电子邮件确认之后，用户可以向同一系统中拥有账户的任何人汇款，或者可以在智能手机上生成二维码，然后对方用手机扫描该码即可完成实时转账。

这两款中国超级应用程序都鼓励用户将资金存放在它们的系统中。用户之间可以互相免费转账。

本质上来说，这两个系统提供的是点对点服务：无论是消费者还是商家都可以相互转账。同样地，任何人都可以充当商家并接受付款。街头小贩经常在其摊位上展示印刷的二维码，买东西的人可以扫码付款。

　　二维码与传统信用卡模式正好相反。使用信用卡消费时，消费者处于离线状态，他们只需出示卡片即可，但商家必须通过连接到电话线或互联网上的终端设备保持在线。然而，使用二维码支付时，消费者在线（通过他们的手机），商家却可以不在线。

　　对于商家来说，通过支付宝和微信接受支付要比通过信用卡支付容易得多，而且还便宜得多，至少现在如此。这就是中国商家欣然接受这种钱包，而不喜欢刷卡的原因。2018年至2019年，中国接受信用卡的商家和刷卡终端数量下降了15％，这是中国为数不多的正在下降的支付统计数据之一（另一个是自动取款机，其下降速度慢得多，为1％）。①

　　支付宝和微信以迅雷不及掩耳之势在中国的零售支付业务中占据了主导地位。普通中国公民使用这两个系统进行支付，就像普通美国人使用信用卡进行支付一样。

------

　　① 接受信用卡的商家数量从2730万减少到2360万。POS机的数量也减少了约350万台，从3410万台降至3080万台，表明退出的是"单终端商家"。数据来自中国人民银行发布的《2019年第三季度支付体系运行总体情况》。

这两款应用程序每秒能够处理超过15000笔的支付交易，它们不仅是工程学上的伟大成就，而且还是非常精明的市场营销师。自2009年起，阿里巴巴网站将"双11"（最初是单身汉的非官方节日）转变为一项大型购物活动。与此同时，拥有微信的中国大型科技公司腾讯将婚礼、节日和特殊场合送红包的中国习俗转变为数字"红包"体验。

事实证明，这两项举措都非常成功。"双11"已经发展成全世界最大的购物节，不仅给阿里巴巴带来了巨大的好处，也给支付宝带来了巨大的收益。2019年，支付宝声称其1小时处理的交易额就高达120亿美元，而其中10亿美元是在前68秒内处理的。

2014年年初，腾讯在春节期间对其红包项目进行了"软启动"，随后，使用微信的人数在一个月内增加了3倍多，从3000万增加到1亿。第二年，腾讯与中国中央电视台春节联欢晚会联手，并大获成功。有7亿人观看了这场演出，一切因此而改变。2016年新年期间，微信的5.16亿用户发送了320亿个红包。

在中国，几乎每个人都在其中一个应用程序或者两个应用程序中开设了账户，两个应用程序加起来每年处理的价值相当于中国国内生产总值的3倍。这是一个惊人的数字，尤其是当你将其与西方国家的清算中心处理的数据进行比较时更是如此。虽然这些清算中心每年处理的价值相当于8倍到10倍的国内生产总值，但其处理的是本国经济中**所有的**发票支付，而不仅仅是零售支付。

看到这些数据，人们可能会担心中国的银行的处境可能极其糟糕，但实际上，通过中国的银行系统进行的交易一直在非常稳步地上升（你也许不这么认为，但对于银行来说这也许已经足够稳步了）。在过去两年中，其交易量翻了一番多，从2017年的1500亿美元增长到2019年的3200亿美元——同比增长47%。毫无疑问，其中部分增长源于人们把钱从银行转移到了电子钱包，或者反过来将钱从电子钱包转移到了银行，但可以肯定的是，中国人似乎正在进行更多的电子交易。随着移动钱包交易变得更加自由和顺畅，任何事情似乎都可能发生。

肯尼亚和中国既面临着机遇，也面临着挑战：虽然少了既有支付系统的羁绊，但也没有现成的支付系统可以使用。然而，它们都充分利用了自己庞大的手机用户群体构建起自己的支付系统——当然，两国的系统大不相同。为什么？部分原因在于两国的支付系统都并非从零开始建设：它们以某种现有的系统为基础，这也决定了后来的发展方式大相径庭。

肯尼亚的M-Pesa是为只能发送短信的普通手机设计的。大多数肯尼亚人都有预付费电话账户，并利用销售预付卡的经销商网络进行投资，M-Pesa很巧妙地利用了这一点。中国的移动支付系统出现得要晚一些，是在人们拥有了智能（或更智能的）手机并能够利用其功能的时候推出的。

所有国家的发展都不是从零开始的，发展模式也并非一模一样。想想英语吧，现在的英国人和美国人可谓是被同一种语言分裂成两个民族。假如把相同的技术同时给予这两个国家，那么它们最终也许会发展出两种各自反映其民族特质的不同支付方式。假如不固执地坚持，路径依赖也不会存在。

路径依赖或许解释了中国和肯尼亚的移动钱包（尚未或）无法在其他国家成功复制的原因。支付可能是一项规模庞大的业务，却没有那么大的可扩展性。M-Pesa在印度和东欧都尝试过，均以失败告终，如今在南非也处于苦苦挣扎的状态。然而，在坦桑尼亚、莫桑比克和刚果民主共和国等竞争较少且较不发达的市场，它表现得似乎更好。

支付宝和微信正在进行海外扩张，但主要是通过与向中国游客销售商品的商家签约来实现这一目标。换句话说，它们正在扩大业务范围，但尚未扩大客户群体。例如，在热爱现金的德国，一些商店也会接受支付宝和微信，就像许多面向日本游客的商店会接受日本信用卡株式会社（JCB）信用卡一样。此外，华裔德国公民也会使用这两款应用程序，目的是向在华亲属汇款或者接收来自他们的汇款。

它们能够进一步深耕德国支付市场吗？即使能够，它们的工作成效也会受到如下因素的影响：德国人对现金和隐私保护的偏好，以及两套系统之间的竞争。此外，由于这些系统都是封闭性的，所以需要达到足够大的用户规模才能让用户坚持使用它们。但这并不是最重要的，最重要的是，它们需要获得德国和欧盟当局的许可。

　　考虑到支付（和隐私）理念的差异，欧盟似乎不太可能急于接受中国非银行机构提供的移动钱包，至少在目前的条件下如此。在未来，欧洲会效仿信用卡依然强势发展的美国，还是会效仿对支付方式进行现代化改造的印度呢？

第11章
不可思议的印度：
即时支付革命

印度是另一个人口超过10亿的国家。可以预见的是，在支付系统发展方面，印度正在采取与中国、肯尼亚和美国完全不同的方式。印度有几家移动钱包提供商，到目前为止，它们取得了一定的成功。但是，它们现在都面临着被一项计划超越的危险，该计划提高了账户之间的支付速度，更加便捷易用，而且坚定地将银行重新定位为核心角色。

这可是一个了不起的成就。为了了解印度的举措有多了不起，让我们看看其他地方以银行为中心的快速支付都发生了什么。

一些国家，比如英国，已经通过立法推出"即时支付系统"来解决支付速度问题。从本质上来说，这些系统是银行用来结算客户之间转账的传统支付系统的加强版，比如英国的银行自动清算系统（Bankers' Automated Clearing System，BACS）、西班牙的Iberpay等。尽管这两种系统都支持不同银行账户之间的转账，但包括英国银行自动清算系统在内的传统玩家的做法是，成批处理数千笔转账业务，并在设定的时间内进行——通常是每天一次。相比之下，即时支付系统是实时完成这项工作的，资金在几秒之内就可以到达对方账户。即时支付系统提供全天候服务，包括傍晚、夜间和周末。[①]

第一个推出即时支付系统的是自称为"支付领域世界领导者"的英国。在2008年快速支付服务（Faster Payments Service，FPS）推出之前，英国银行账户之间的转账需要长达3天的时间。尽管如此，当快速支付服务推出时，消费者并非对其一见钟情，他们似乎不太热衷于看到自己的钱跑得那么快。后来英国出台了一些规则，要求银行将现有的常规订单转移到这个新平台上，但在这些规定生效7年之后，快速支付服务系统仍然只处理了英国25％的转账和直接借记业务。

[①] 然而，这样的客户便利性引起了中央银行的担忧，这就是即时支付规模受到限制的原因。中央银行总是利用周末停业来解决银行经营失败的问题。周末给了陷入困境的银行一个喘息机会，因为在此期间客户不能取款。当然，人们仍然可以从自动取款机上取款，但每天可以取款的金额及自动取款机实际可以发放的金额是有限制的。如果没有这些限制的约束，即时支付系统就会失去这种"断路器"，可能会让客户尤其是企业客户在周末从银行提取大量的现金，从而加速银行的倒闭。

也许这个新系统还不够成熟，所以没有受到人们的青睐。而随后推出的许多即时支付服务不仅支持全天候实时转账，还通过允许用户使用"别名"，如电子邮件地址或者手机号码，使其向他人转账变得更加方便——使用别名比使用冗长难记的银行账户信息要容易得多。这些支付系统还可以在移动平台和网络上使用，为客户提供即时支付服务。

目前已有50多个国家已经推出或正在开发这种即时支付系统。然而，和往常一样，每个国家都采取了自己的方法，真正的即时支付系统与其"增强型"前辈之间的区别并不总是那么明显。

重新回到印度，它的解决方案是一个与任何人都可以使用的上层结构相结合的国内即时支付系统。印度银行的客户可以在账户之间进行全天候即时转账，而这种上层结构（统一支付接口，Unified Payment Interface，UPI）允许任何第三方提供商发起实时转账。优步、户户送（Deliveroo）和谷歌等公司已经采用了这种简单的方式，将印度客户的支付指令直接"注入"到当地银行系统。

从技术上来讲，它与英国的快速支付服务和澳大利亚的新支付平台（New Payments Platform，NPP）的设置类似，但印度的产品增长和普及速度要快得多。

为什么？首先，印度的统一支付接口让用户的支付变得更加轻松。客户不必填写账号和分类码，而是可以使用别名，比如手机号码。澳大利亚人也可以在新支付平台中使用手机号码，但毫无疑问，依赖于无处不在的Aadhaar国家身份号码的印度支付系统表现得更好，因为银行已经为所有的客户提供了Aadhaar号码，而使用手机别名的用户必须首先注册银行账号。[①]

其次，统一支付接口是一个开放式的应用程序接口（application programming interfaces，APIs），允许银行以外的其他组织（如在线零售商）代表其用户发起支付。尽管欧盟委员会花了几年时间才就应用程序接口达成一致意见，而且配套法规的全面实施也需要更长的时间，但他们显然已经试图让欧洲银行这么做了。[②]

应用程序接口正在彻底改变金融服务（以及其他）行业。但它们是什么？其工作原理又是什么？

应用程序接口是允许两个计算机应用程序相互通信的软件。我们大多数人一直在使用应用程序接口，只是没有意识到它们的存在而已。例如，如果你选择在脸书上分享在线商店中你喜欢的商品，允许应用程序或网站查看你的位置或使用你的相机，这时就有一个应用程序接口参与其中。

---

① Aadhaar号码是由印度唯一身份识别机构（Unique Identification Authority of India，UIDAI）向满足验证流程的印度居民发放的12位随机号码。任何印度居民，无论年龄和性别，都可以自愿报名获得自己的Aadhaar号码。

② 指的是支付服务指令2（PSD2）或欧盟指令2015/2366，要求银行通过应用程序接口向第三方服务提供商（经客户同意）授予访问权限，以启动支付并查阅账户数据，比如余额和以往的交易。

应用程序接口描述说明了这些请求（称为"应用程序接口调用"）需要如何格式化，以及应该提供哪些回馈信息。它可以简单到"给我一个账号，我会把当前余额发给你"。应用程序接口的真正威力在于，它们允许一个组织自身网络之外的计算机发出请求。通过发布其应用程序接口规范，这些组织使外部开发人员能够轻松地构建和运行此类应用程序接口调用。

除了检索信息，应用程序接口还可以启动支付等流程。应用程序接口调用可以明确规定转账的详细信息，包括账号和金额，而应用程序接口调用者则会收到付款已执行的确认函。

在我们大多数人没有注意到的情况下，应用程序接口已经改变了我们使用互联网和手机的方式，如今它们又在真真切切地改变我们的支付方式。而且，令人难以置信的是，它们还可以兑现备受吹捧的区块链技术所承诺的许多好处。

这些应用程序接口允许其他公司——无论是亚马逊和谷歌等外国巨头，还是印度本土供应商——将统一支付接口嵌入它们的移动应用程序中，其结果就是"无缝支付体验"。这些应用程序使买家能够通过与商家交换二维码进行支付，商家可以向客户提供能够通过统一支付接口支付的电子发票。

正是统一支付接口让印度的即时支付系统成为当今世界最成功的支付系统之一。该系统于2016年推出，现在每月能够处理10亿次交易。与之相比，虽然英国的快速支付服务早在近10年前就已经推出，但它在相同时段内处理的交易还不到25亿笔。印度即时支付系统的使用率正以每月10％的速度增长，每年翻一番以上。尽管无可否认，统一支付接口起步较晚，刚刚开始普及，但这一增长速度甚至超过了支付宝和微信。

为什么世界各国都在做出如此巨大的努力来加快支付速度呢？作为付款人，我们通常不考虑收款人的收款速度，只有当收款人收不到钱就不发货或者不提供服务时，汇款速度才会成为问题。但作为收款人，那就不一样了。

在即时支付出现之前，当我们用银行卡支付时，唯一可以确定的是支付会发生，而不是发生的速度有多快。商人们知道钱来了，但他们必须等待一天到一周或更长的时间。在这段时间里，他们无法重新进货，无法支付工人工资，无法对收益进行再投资等。如果他们借钱来做这些事情，那是要付出代价的，这反过来会削弱他们备货、支付更多员工工资和扩大业务的能力。更糟糕的是，当我们通过支票或银行转账进行支付时，收款方既感受不到汇款速度，也对汇款没有把握。在这些资金清算之前，相当确切地说，他们不能对这些钱抱有太大的希望。

对金融业来说，这也是一个大问题。资金从一家企业或银行流向另一家企业或银行的时间越长，系统中积累的信用风险就越大。这既危险又不符合经济要求。资金应该尽快到位。

所以，资金流动的速度真的很重要。在即时支付方面，各国都在争夺首发位置——但这是一场竞赛吗？支付习惯具有顽固的国家色彩，所以，如果你的邻国比你的国家走得更远、更快，你可以说这没什么大不了的。你**可以**这么说，但资金的有效流动对每个经济体来说都至关重要。你可能觉得没必要进行这样的攀比，但是，不观察它们在做什么是错误的，不为别的，只为和它们进行对照，并从它们的错误中吸取教训。

从其他几个重要方面来看，我们也应该意识到这**就是**一场比赛。例如，有一个原因是，在2020年中期，欧盟委员会和英国财政部都开始重新审查他们的支付策略。显然，一场争夺支付领导权的竞赛正在进行——建立标准、保护和促进出口及提高影响力。在下列问题上存在着不太明显的类似哲学的竞赛：支付应该放在哪里及由谁来管理，支付是以银行为中心还是以技术为中心，它们是应该由企业经营，还是应该作为公共事业，或者介于两者之间。

从对支付系统的认知来看，欧洲似乎比其他任何地方都更接近印度。英国的快速支付服务是一个由私营部门资助、公共部门驱动的项目。2017年，欧元区启动了一项由银行提出的倡议，但一年后欧洲中央银行却推出了自己的即时支付结算系统TARGET。[①]印度的倡议同样源于一种干涉主义方法，同样基于印度政府和印度中央银行印度储备银行培育的公私伙伴关系。

虽然缺乏Aadhaar那样的系统，但欧洲却拥有让类似模式取

---

① 私营部门提议使用的是欧洲银行业协会清算系统（EBA Clearing）的RT1，欧洲中央银行倡导的即时支付服务是TARGET即时支付结算（TARGET Instant Payment Settlement，TIPS）。

得成功所需的其他所有要素。它不仅拥有即时支付所需的基础设施，而且还采取了一些措施，比如英国提出"开放银行业务"（Open Banking），欧盟修订支付服务指令（Payment Services Directive，第21章对此有更多的介绍），这两项举措都有助于推动应用程序接口的使用，并简化账户之间的转账流程。欧洲能够像印度那样将这两个要素结合在一起吗？如果可以的话，它是否会向陷入困境的银行伸出急需的援助之手呢？

第四部分

经济性

第12章

付费支付：支付的隐性成本

俄罗斯拥有7200万劳动力，2021年国内生产总值约为17000亿美元。支付行业在规模上可能无法与俄罗斯的国土面积相比，但在资金数额上却超过了它。全球每年所有支付的总成本在15000亿到20000亿美元。

当我们向他人付款时，在绝大多数情况下，对方都会一分不少地收到我们支付给他的钱。但支付行业仍然能够从中分得一杯羹：在发达经济体，它们每年可以从每个人手里获得大约1000美元的收益。

精明的消费者可能会对此感到惊讶。你可能会想：我很少遇到明确的支付费用。我已经阅读了信用卡上的小字，没有使用它们来提取现金；我确信我的支票不会被拒付；当我面对一台收取取款费用的自动取款机时，我会绕一两个街区寻找一台免费取款

机；此外，每当我想给另一个国家的某个人汇款时，我都会使用
Revolute或智转账（TransferWise，现改名为Wise）。[①]

然而，无论如何，我们消费者**的确**是在付费支付。我们创造
了价值10000亿美元的支付收入，占总支付收入的50％到70％。
我们的口袋怎么这么容易被扒掉，而我们甚至都没有意识到呢？

答案很复杂。这也许就是为什么第一代消费者比较组织如美
国的《消费者报告》（*Consumer Reports*）、英国的《哪个？》
（*Which?*）、法国消费者权益保护协会（UFC Que Choisir）和
德国的Stiftung Warentest，以及互联网时代的 MoneySupermarket.
com和其他价格比较网站都没有尝试提供各种支付方式及其费用
的直接比较。

消费者在没有意识到的情况下以几种不同的方式支付了费
用。卡费主要由商家支付，所以我们看不到。当然，归根结底，
我们最终会以更高的价格支付这些费用，正如我们在第6章中看
到的那样。

第二种机制是我们为信用卡支付的利息。银行对信用卡借
贷收取很高的利率，而你很难理解其中复杂的操作，即使在发达
经济体，也只有不到60％的成年人能够理解。这本身就是一个问
题。信用卡的债务利率一般是每月1.9％：这听起来不算多，但

---

① Revolute和智转账使用的汇率比许多银行和汇款运营商收取的汇
率要优惠。

年化利率却高达25％。按照这个速度，你所欠的债务在短短3年内就会翻一番，再过3年就会增加大约10倍。

外汇是另一个很难准确计算你所支付金额的领域。由于市场价格一直在波动，当你的报表到达时，你所报的价格可能已经是几天甚至几周前的价格了，所以很难进行比较。机场的通济隆（Travelex）商店吹嘘"不收取任何费用或佣金"，但其所售产品的进价和售价之间存在着巨大的差距，大到你几乎可以停得下一架飞机。

永远不要接受在外国自动取款机或商店信用卡终端使用自己的货币进行支付的请求。这似乎很方便，但你使用的汇率可能比市场汇率高3％至5％，而维萨卡和万事达卡的汇率仅高出0.3％至0.4％。网上也是如此，例如，亚马逊使用的汇率就比市场汇率高2％至4％。

如果你很难理解支付收费这个问题，无须焦虑，因为不理解的人很多，你不是唯一的一个。2002年，万事达收购了持有万事达卡欧洲许可证的欧洲付及其Maestro品牌和网络。Maestro是一个泛欧借记网络，将自动取款机和越来越多的商家连接起来，以促进跨境交易。因此，万事达不仅购买了一项大型信用卡和签账卡业务（它非常了解这项业务，因为该业务是以自己的品牌运营的），还购买了一项借记卡业务。

合并后不久，一群经验丰富的万事达高管来到了位于比利时滑铁卢的欧洲国际支付组织总部。他们惊讶地发现，在大多数欧洲国家，借记卡对消费者是免费的，而且对商家也几乎是免费的。据报道，他们曾惊呼道："这太愚蠢了，这完全没有道理。"

然而，这样做是否合理取决于你自己的看法和你来自哪里。支付习惯在各国或各地区之间存在差异，而支付的经济性和我们对它的期望也不相同。

如果没有透支，我们绝大多数人都不会想着用自己的活期账户进行付费支付——但不要被愚弄了。银行的确在收取支付费用，只不过主要是通过间接方式收取而已。银行会为你提供一个套餐，其中包括一个活期或支票账户，以及支付和收款的功能。①上述15000亿至20000亿美元的全球支付收入中，这一模式贡献了将近四分之三（另外四分之一来自独立产品，主要是信用卡，我们马上会对其进行介绍）。有了这些账户，你通常会拥有支票、自动转账功能和借记卡。你可能已经为某些服务支付了年费，或者在某些交易中——比如从其他银行的自动取款机中取款——被收取常规性费用。可以看到，在目前低利率环境下，资产负债表的存款部分产生的收入不断减少，银行很快就会收取或者提高服务和交易费用。

然后，还有透支本身的问题。银行会根据我们的所在地，以几种方式向我们收取透支费用。它们会提前收取使用透支的费用

---

① 美国是支票账户，世界其他地区是活期账户，两者指的是同一个东西。

和未安排透支的费用，当然，是通过提高透支余额利息的方式进行的。根据你的银行和你的选择，你可以为提前透支的奢侈行为买单：以月费的形式提前购买该服务，并支付商定的余额利率。或者你可能会无意中透支，在这种情况下，除了高额（或更高）的透支费，你也许还会面临一些银行每天都可能提高的收费。更重要的是，只要你一直处于透支状态，任何未通过的直接借记、长期委托书和被拒付的支票都可能需要支付更多的费用。

令人惊讶的是，银行用来覆盖我们日常支付成本的主要收入来源并不是这些费用，而是账户余额的利差。所谓利差就是你从活期账户存款中收到的利息和你的钱为银行产生的利息之间的差额。由于大部分发达国家的利率目前都很低，甚至是负利率，因此对于银行来说，手续费正在变得越来越重要。到目前为止，英国应该是一个例外，因为很多消费者账户既没有账户费用，也没有交易费用，部分原因在于英国客户与欧洲大陆的客户不同，英国客户是狂热的信用卡用户，这对银行是有好处的（这是否对英国及其消费者有利是另一回事，我们稍后再讨论）。

在这种"账户加付费"的模式下，你无法进行类比就很容易理解了。以两个拥有免费活期账户的人（甲和乙）为例，他们的月薪均为3000美元。工资进账之后，甲立即将1500美元直接拨入她的养老金和抵押贷款账户，将余额用于家庭支出。而乙已经有了丰厚的养老金，又没有抵押贷款，所以他把工资留在了自己的账户里。甲几乎没有失去任何利息；而乙，根据利率的不同，他可能会损失很多，还需要支付投资现金的机会成本。

　　同样，如果两个人每年都支付200美元的账户维护费，每天使用借记卡两次，那么每笔交易只需支付0.27美分。假如他们都在自己的活期账户中保持同样的低余额，情况大抵如此。倘若其中一方为了弥补这笔支出而将大部分资金保留在活期账户中，那么由于利息损失，他实际支付的金额将是另一方的两倍多。

　　银行的广告上说，新开立的账户可以享受特别优惠，只要每月存入最低限额的资金就能获得很高的利息。你见过这种广告吗？其实，银行真正想要的是你的活期账户业务，因为这种业务能够让它们赚钱。

　　我们付费支付的方式还有很多，而且更加显而易见，例如，进行跨境支付、从自动取款机取款和兑换外币等。我们在这些服务上的花费可能差异很大，而且，由于我们往往是断断续续而非持续地面对收费，因此很容易把它们忘掉。但我们为此付出了很多钱——足以用来支持一些独立的企业，而其中一些企业还能够因此成功摆脱困境。

　　一般来说，无论你生活在世界的哪个地方，使用自己银行的自动取款机都是不需要付费的，但第三方自动取款机运营商越来越多，使用它们的自动取款机是要收费的。你通常会在这种自动取款机上看到这样的信息："该自动取款机的所有者将为此交易向您收取2.5美元的费用。"除此之外，它们还会向你的银行收取托管交易费。因此，你还会看到一条附加信息："这些费用是您所在机构收取的任何费用之外的费用。您想继续交易吗？"

在美国，你经常会遇到这种情况，超过一半的自动取款机由非银行独立运营商运营。最大的一家是Cardtronics，拥有10万台自动取款机，占美国市场的五分之一以上。即使在付费支付（显然）不那么普遍的英国，在所有70000台自动取款机中，Cardtronics也占有18000台，占总数的四分之一。一个欧洲人去美国旅行，用信用卡从自动取款机上取现金，当他回家后把所有费用加起来时，会感到非常震惊。在最坏的情况下，他可能会支付自动取款机运营商的费用、发卡机构使用自动取款机的费用、提取卡上现金的费用（最高可达提取金额的3％）、提取现金的利息（从提款那一刻开始计息）、外币交易的费用，还有外汇汇率，这可能与市场利率相差几个百分点。①当然，如果我们慷慨的旅行者未能在月底付清余款，他将支付更多。难怪信用卡行业做得这么好。

信用卡在我们的口袋上钻了一个很大的洞。许多奖励性信用卡都有年费。如前所述，自动取款机的费用相当高，当然，现金提取和滚动余额的应付利息确实可以避免。这就是说，如果你做做功课，聪明地使用信用卡，你最终可能什么都不用付。反常之处在于，通常情况下，那些最负担不起的人可能支付的最多。

---

① 仔细看看你的信用卡上的小字，你可能会发现，如果你在信用卡上提取现金，利息从提取的那一刻（而不是从月末）开始收取。

117

使用信用卡除了有明确的费用，还存在隐性成本。现在，在任何地方逛市场或坐出租车，商家或司机都可能接受信用卡，但他们也可能会告诉你，如果使用现金支付，会便宜2％、3％或4％。餐馆、百货公司、网络零售商和其他公司（通常）不会这样做，但你可以这么认为：商家已经给它们打了很大的折扣，因此它们的定价不会太高。

不仅消费者在付费支付，企业也是如此，尽管有细微的差别，但它们也主要是通过活期账户进行付费支付的。除了每月或每年的活期账户费用，企业用户还经常面临各种交易费用，比如支票结算费用和现金业务费用等。与消费者银行业务不同，信用卡在商业银行业务中并不占有重要地位。当然，除非我们谈论的是商人，正如我们在第6章中看到的，他们花了相当多的钱来办卡。相反地，企业在为现金管理、外汇和跨境支付等服务支付（额外的）费用。

这些服务通常被称为"公司或全球交易银行业务"，它们是大型清算银行的重要业务。虽然企业要为所有这些服务支付费用，但它们也会通过在活期账户中保持大量余额来进行间接支付。流动性需要管理，因此银行可以提供额外的产品，如贷款或透支、现金池、净额结算等服务。[1]

---

① 这使得跨国公司可以将其不同子公司的余额合并成一种货币的单一余额，从而用其他子公司的正余额抵消一个子公司的负余额。

回到那惊人的每年15000亿至20000亿美元的账单：企业承担了其中的大部分吗？答案很简单，不是。在全球范围内，支付收入在消费者银行业务和商业及企业银行业务之间几乎是平均分摊的。①更糟糕的是，企业必须将成本计入我们消费者从它们那里购买的产品和服务的价格中。换句话说，我们经常通过两种方式来进行付费支付。

---

① 不过，请记住，麦肯锡公司和波士顿咨询公司（BCG）都将商家折扣划归消费者收入。

　　有人付钱，就有人收钱。我们为了付款而支付的钱也不例外，只是接收这些钱的大多是银行而已。银行拿走了我们每年用于支付的15000亿至20000亿美元中的大部分。这一数额正以每年6％的增长率稳定地增长着，这笔钱约占银行总收入的30％到40％。但这笔钱在地理上分布并不均衡，一些地区的银行比其他地区的银行从支付中获得的收入要多得多。

　　虽然所有银行都依赖于我们刚刚探索过的同一种经济模式，但它们能赚多少钱却存在巨大的地区差异。这些差异不仅反映了不同的利率环境，还反映了不同地区的不同支付选择，两者都是可变的。但这些变化也反映了某种更为持久的东西，即不同国家对待付款支付的态度。

　　在美国，"付费参与"（pay-to-play）一词描述了从向政治人物赠送礼物以期获得支持或投资，到为竞选捐款以换取舒适的大使职位或有利的立法等各种行为。在美国，你甚至可以"付费祈祷"（pay-to-pray）。因此，公开且常态化的"付费支付"（pay-to-pay）便不足为奇。你甚至要为用于支付的支票付费，虽然大多数美国银行账户提供免费支票簿，但支票兑现时，它们会收取5到10美元或者兑现金额1％到2％的费用。美国监管机构、政界人士和公众一直对此感到满意，并且支付也被视为一种有相当价值的商业机会。

相比之下，欧洲倾向于认为支付是一种效用函数，应该是低成本或无成本的。欧盟监管机构已经多次介入，鼓励竞争和降低价格，并将继续这样做。其结果是，欧洲的信用卡交换费用远低于美国，而且在有些情况下，交换费已被完全取消。欧盟还要求对以欧元进行的支付实行同等定价，这实际上意味着欧元跨境支付成本与国内支付成本相同。欧盟出台的《单一欧元支付监管法案》（*Single Euro Payments Regulation*），顾名思义，是一项欧元监管法案，这导致了一些奇怪现象的出现。例如，英国银行向开户人收取向欧盟其他国家支付或从欧盟其他国家接收**英镑**的费用，但支付和接收**欧元**却不收取任何费用。

美国也实施了直接价格管制，但从本质上来讲并非十分严格。2008年金融危机之后，《多德–弗兰克华尔街改革和消费者保护法》（*Dodd-Frank Wall Street Reform and Consumer Protection Act*）后面附加了一个旨在规范交换费的《德宾修正案》。你可能以为，在那个特定历史时刻，美国金融业会一直小心翼翼，避免惹出麻烦，但实际上它们强烈反对该修正案，直至诉诸最高法院。事实上，德宾为借记卡设定的交换费上限比最初提议的费率高得多。美国的限额约为0.6％，是欧洲借记卡最高费率的3倍（无论如何，大部分借记卡都是免费的）。[1]简而言之，如果你是一个习惯于"免费"支付的欧洲人，那么你要提防携带礼物的美国支付提供商。它们可能不得不忍受欧洲的费用限制，但和万事达一样，它们希望能以某种方式实现降价。

谈到透支，也存在地域差异。透支对世界各地的银行来说都是大生意，在美国尤其如此。事实上，一位美国银行首席执行官就给他的游艇取名为"透支"，大概是为了提醒自己，是什么让他的银行保持运转的。尽管他的这一做法受到了人们的抨击，但总体而言，美国银行在透支方面仍表现良好，仅2019年一年就获得了高达110亿美元的透支费用。

银行在透支方面受到了非常大的压力，但其中大部分应该说是咎由自取。例如，在美国，近年来银行错误地鼓励客户注册他们不需要的透支选项。它们犯的另一个错误是优先支付款项，即首先支付最大的款项，从而收取后续的费用。

尽管如此，大多数银行至少会尽量让透支体验不那么舒服。

---

[1] 这是平均购买40美元商品或服务时，借记卡收费的有效上限。而实际上限为21美分加收0.05％。

它们会让客户费尽周折才能获得透支额度。如果没有透支额度，你可能就会陷入赤字，它们会给你写信，提醒你没有事先安排透支的危险，并威胁要查封你的账户。不过，比起通过信用卡和其他销售点信用工具顺利地借钱（实际上是**鼓励**客户过度消费），或者在发薪日贷款商瞄准弱势借款人并向他们收取高得离谱的利率，或许（除了上述不当行为），对于银行来说，透支既是一种收入来源，又是一个可能会错失的机会。

持有这种观点的银行越来越多，至少在欧洲是这样，它们一方面受到监管的约束，另一方面又面临着来自科技公司的竞争（见第18章和第21章）。在荷兰，透支的上限为15％，而英国监管机构在2020年年初试图解决透支的成本复杂性问题，禁止银行收取除简单年利率外的任何额外费用。结果如何？到2020年中期，各国中央银行向银行贷款的利率接近于0，欧洲银行对透支收取15％的利息，美国银行收取大约20％，而英国银行则高达40％。当然，英国的例子应该是个例外。

正如不同地区对定价的态度不同那样，不同地区对支付方式的偏好也不同。美国和加拿大消费者热衷使用信用卡，由此产生了交换费和信用卡债务利息收入。因此，信用卡在这两个国家产生了近一半的支付收入，而活期（支票）账户的息差仅占五分之一。

亚洲银行获得了近一半的全球支付收入，但与美国和加拿大不同，其中，信用卡只占不到20％，而55％来自活期存款账户息差。这几乎与美国的情况正好相反，美国的信用卡收入几乎占总收入的一半，而息差仅为20％。亚洲一些大型经济体仍然在享受正利率，因此来自活期存款账户的收入非常稳定。在中国——据麦肯锡统计，仅中国就占全球支付收入的近三分之一——银行从企业账户的利差中获利最多。出现这种反常现象的原因是，为了防止经济过热，中国中央银行为支付给银行账户持有人的利率设定了上限，同时保持贷款的高利率。而且，尽管有支付宝和微信等新的参与者，但中国客户，尤其是企业，仍然在它们的活期存款账户中保持着充足的资金。[①]

再来看看欧洲。在美国，支付收入占国内生产总值的2％，在亚洲甚至占3％，而在欧洲，这一比例只有区区1％。在这里，很少有明确的支付费用，相反，银行的收入主要依赖账户服务费和利率差，但后者使它们容易受到低利率环境的影响。由于欧元、瑞士法郎和丹麦克朗均为负利率，因此欧洲的活期存款账户利差非常低，甚至为负数。

正如我们所看到的，信用卡在欧洲大陆的使用并不广泛，因此，银行在这方面的收入并不多，而且法规限制了它们可能从交换费中获得的收益。由于支付约占所有金融服务收入的40％（其他60％包括储蓄、贷款、投资和保险收入），因此（欧洲大陆）

---

① 中国官方要求支付宝和微信将客户资金存放在中央银行的托管账户中。这两款钱包的客户余额为2000亿美元，相比之下，中国的银行客户则拥有70000亿美元。

银行盈利能力低就情有可原了。与以往一样，英国是一个例外，英国每户平均信用卡债务约2500英镑，利率略为正，英国的支付收入更接近占国内生产总值2％的全球平均水平。

支付收入增长率也呈现出类似的地理图景。在过去10年，全球银行支付收入以每年6％的速度增长，大大领先于其他金融服务，后者的增长率接近3％。收入增长受到以下因素的推动：现金支付到电子支付的持续发展，以及在线商务的惊人增长，其中（电子）支付是一个关键的组成部分。

毫无疑问，支付收入增长在发展中国家最快，拉丁美洲达到两位数，亚洲接近10％。北美的年收入增长率为5％，远远高于国内生产总值的增长率，这是交易数量不断增加及信用卡债务不断增加的结果。只有在欧洲，支付业务的收入增长才低于国内生产总值的增长率，每年仅为2％。这一定程度上归咎于欧洲银行的商业模式，如果它们不能从费用中获利，那么即使交易量增加也毫无意义。

现在，我们讨论的主要是银行，支付是它们的重要业务。凭借其健康的利润率，与其他金融服务相比，银行具有很强的吸引力。但当然，盈利的不只是银行业。虽然银行从我们的支付中获得了大部分的资金，但它们在提供支付服务方面也付出了巨大的成本。这一成本的很大一部分流向了供应商，这些供应商共同构成了一个庞大的子行业。无论去参加哪一个支付交易展会（这种事情确实存在），你都会遇到几十家这样的供应商，它们中有的出售或租赁银行用于处理支付的软件和硬件，有的制造和维护自动取款机，还有的维护门店内的支付终端。还有一些公司提供支票处理、信用卡申请人信用评分，以及审查是否遵守反洗钱法规等服务。

然后还有支付基础设施，如维萨、万事达、清算中心和国际转账巨头环球银行金融电信协会（SWIFT）（尽管它仍然是银行所有）。银行也越来越多地将其支付服务外包给第三方供应商。大多数银行已经将信用卡收单与处理活动分离开来，许多银行的信用卡发放业务也开始这样操作。包括呼叫中心在内的客户服务也是如此。银行必须支付所有这些费用，并对自己的信息技术和共享基础设施进行投资，这无疑减少了它们从支付中实际获得的收益。

缓慢的增长和低利率通常不利于银行的发展。再加上上述的费用和投资、严格的监管、过剩的产能、高额的员工薪酬和严格的就业法律，银行可能会发现自己已经陷入困境。相较于北欧和美国55％至57％的银行平均成本收入比，遭遇所有这些困难的欧元区银行的平均成本收入比为66％。这个比率衡量的是经营银行的总成本占总收入的百分比，欧元区银行的高比率反映出它们的收入相对较低，而成本较高。对它们来说，提高收入和降低成本都是挑战。

削减成本和提高效率可能是值得做的，但实际操作往往会耗费资金（收回成本需要时间），而且往往会因为受到国内政治因素的干扰而变得十分复杂。更糟糕的是，欧元区银行的借贷成本通常高于其外国竞争对手。欧元区银行可以通过将其服务数字化或转移到线上来降低成本，但这要求本国的总体数字化水平很高，然而，欧元区大部分地区的数字水平明显低于美国和北欧。

即便欧元区银行成功地克服了这些挑战，它们之后也还要扩大规模，从数字化带来的规模经济中获利，因此还会面临一系列问题。它们可以寻求收购或者合并本国的其他银行，但竞争主管部门（担心地方市场被操纵）和政府（担心银行合并后关闭重叠的分支机构而大规模裁员）不赞成这种做法。当然，它们还可以扩大跨境业务或者进行跨境整合，但随后，它们会面临把不同市场整合到同一信息技术平台上的挑战，因为每个市场都有自己的监管和法律基础设施、破产法和司法体系，更不用说支付工具和习惯了。难怪2019年年末《金融时报》在描述欧洲银行的高管时，使用的都是"沮丧、失望和忧虑"之类的词语。很难想象，还有什么事情会让他们高兴起来。

所有这些都意味着欧洲银行处于某种困境。即便如此，那又怎样？事实上，我们都应该担心，尤其是在欧元区内部。无利可图的银行很可能会选择合并或者缩减规模（让我们的选择更少，让银行的竞争更少），集聚风险或者投资不足（使客户、纳税人和储户更加脆弱，更易受到伤害）。你可能不想让你的银行赚一大笔钱，但你也不想让它破产——至少在你依赖它的时候不想让它这样。我们依赖银行，这是事实。

　　在欧洲以外，银行的表现要好一些，但这也没有什么好得意的。是的，银行从支付中获得了数十亿美元的收入，但它们也为许多基础设施建设提供了资金，使我们能够进行支付，而且，它们提供流动性，支持支付系统正常运行。由于银行面临业绩压力，它们可能会缩减这些投资或完全停止某些支付服务。到目前为止，还没有证据表明，新进入支付领域的玩家会愿意收拾残局，投资幕后的基础设施。我们也不清楚，如果银行不这样做，谁能够提供流动性。我们稍后再讨论这个问题，现在让我们更仔细地看一看银行所面临的一些其他挑战。

　　首先就是比银行本身更古老的一个担忧——盗窃。

第五部分

大　钱

第14章
偷得10个亿：欺诈与盗窃

在奈飞的热门系列剧《纸钞屋》（*Money Heist*）中，一伙各有专长的窃贼，在一个名为"教授"的犯罪主谋的远程协调下，闯入俗称"纸屋"的西班牙皇家造币厂。他们没有像警方预期的那样攫取赃物之后便溜之大吉，而是把自己和人质关一起，看着印钞机一刻不停地印刷钞票（该剧也因此可以一集一集地播下去）。盗贼们的目的是在这里停留11天，印刷出24亿无法追踪的欧元纸币。

故事情节可能很有创意，也很丰富，然而，尽管很聪明，但从本质上来讲这依然是一个老套的抢劫案。在当今的数字世界里，任何像"教授"这么聪明的人都不会这么干的。因此，该剧的情节毫无新意。不过，一段时间以来，打击网络犯罪一直是支付领域面临的一项重大挑战。

在《纸钞屋》2017年首播的一年前，网络窃贼差一点从孟加拉国银行盗走10亿美元。而2013年，黑客组织Carbanak头目被捕，该组织破坏了40个国家100家银行的系统，在此过程中窃取了10亿美元的巨款。[①]既然你可以坐在舒适（而安全）的沙发上偷同样多的东西，为什么还要为枪支、人质和逃跑的头疼事烦心呢？造币厂可能是终极提款机，但它不是母矿脉。而要击中母矿脉则需要使用数字化的方法。

无论是在屏幕上还是在现实生活中，不管是模拟支付还是数字支付都存在盗窃或欺诈风险，因为它们是通往金钱的门户。支付方式就像通往城堡的吊桥，一旦放下，整座城堡无论多么坚不可摧，都很容易受到攻击。和吊桥一样，支付方式的部分作用是管理攻击风险。然而，盗贼和骗子是一个有创造力而又诡计多端的群体，他们知道，只要技术领先就能够获得优势。

如今，即使是简单直接的"砸抢"方式也已经更新，至少变成了"半技术"的方式。也许这一切都是因为银行分行业务的衰落，但现在喜欢现金的罪犯倾向于走向自动取款机，而不是持枪到柜台抢劫。"砸"的部分通常是使用被盗的大功率车辆，将自

---

① Carbanak团伙的这个名字来源于无数高价值网络攻击中使用的银行业务恶意软件。该团伙可能最出名的就是使用经过篡改的微软文件直接侵入银行，并使用该权限迫使银行自动取款机分发现金。俄罗斯安全公司卡巴斯基实验室估计，Carbanak团伙可能盗窃了超过10亿美元的巨款。

动取款机从墙上拽出来，但这种方法使用得并不多。2019年，荷兰银行不得不关闭一半的自动取款机，因为犯罪分子找到了用炸药将其炸开而不炸毁的方法。

此外，还有假钞问题。假钞这个现金的"邪恶孪生兄弟"几乎和现金本身一样古老，如今，印制假钞仍然是一个非常受犯罪分子欢迎且有利可图的行当。2017年，英国发行了新的1英镑硬币，目的主要是打击造假者，因为估计有3％的旧硬币是假币。2013年，美国使用一种全新设计的纸币取代了所有的100美元钞票，部分原因可能是为了消灭一批"近乎完美"的假钞——所谓的"超级钞票"。考虑到现代纸币中广泛使用的安全措施：全息图、微印刷、金属线、凸起的字母和变色墨水，伪造货币真的没那么容易。

信用卡诈骗与信用卡行业本身一样充满活力，也在为数字时代的到来更新升级。早期的硬纸板卡片很容易复制，而伪造持卡人的签名也从来都不是一件十分困难的事情。当浮雕信用卡出现时，犯罪分子从垃圾箱中捡回旧纸板卡片的凭条，然后利用上面的数据制造假卡片。当磁条被添加到信用卡上时，他们很快发现磁条包含的信息与信用卡上的浮雕字母相同。因此，他们继续从垃圾箱中搜寻旧卡片的凭条，并简单地将上面的数据编程到假卡的磁条上。

作为一种对策，信用卡公司在磁条上增加了一个三位数的信用卡验证码（Card Verification Value，CVV），但该验证码在信用卡表面是看不到的。这种卡在商店里使用时没有问题，但却无法在手机上使用，因为持卡人虽然可以报出信用卡的号码和有效期，但却不知道自己的CVV代码。因此，信用卡公司不得不添加了第二个三位数代码（CVV2），并打印在卡的背面。这样一来，持卡人就可以随时向商家提供自己的验证码了。由于该代码不是凹印在信用卡上的，所以无法拓印。

这就大功告成了吗？绝对没有。欺诈者迅速从阅读凭条转移到"浏览"磁条（包括CVV代码），方法是在商家支付终端和自动取款机上安装小型读卡器。作为回应，信用卡公司在卡片上添加了比磁条更难复制的莫雷诺芯片，还引入PIN码来取代签名，因为签名一直容易被仿冒。

由于信用卡行业采取了这些防御措施，欺诈者便开始大规模入侵商家的计算机系统，搜索其中保存的客户刷卡信息，并利用客户的信息进行在线购物。2013年，美国大型零售商塔吉特（Target，意为目标）遭到黑客攻击（事后看来，这个名字选得不是很好），犯罪分子窃取了4000万张信用卡和借记卡的详细信息，以及另外7000万客户的记录。信用卡行业采取的反制措施是对信用卡进行标记化处理，即使用一个唯一的临时数字标识符或"令牌"替换敏感的账户信息，该识别符可以在线上、商店内和应用程序内使用，从而可以在不公开实际账户详细信息的情况下进行支付。

除了这些"硬件"措施，银行和信用卡网络还使用模式检测来帮助识别欺诈交易，其中算法发挥着越来越重要的作用。最终的结果是，信用卡行业成功地将欺诈行为控制在信用卡总消费的0.1％至0.2％。对于利润远超损失的信用卡行业来说，这点数额微不足道，很容易消化掉。然而，这个数额也在不断增加。

　　与此同时，还有利用电子邮件和社交媒体进行的欺诈需要应对。电子邮件的出现让欺诈者比以往任何时候都能够接触到更多的信息。在数以千计的潜在目标中，总会有一个人在他们的蛊惑下说出自己的用户名、密码和信用卡的相关信息，这种做法被称为"网络钓鱼"。社交媒体的出现让这一技巧提升到一个新的水平。通过"鱼叉式网络钓鱼"，欺诈者可以更准确地瞄准受害者，例如向特定个人或组织发送定制信息，窃取数据，或者在用户的计算机上安装恶意软件。

　　但获利最为丰厚的欺诈方式是所谓的"高管捕鲸"或"老板欺诈"：犯罪分子发送貌似来自接收方组织内高级职员的欺诈性信息，诱骗员工支付大额款项、披露敏感信息或者允许骗子访问其计算机系统。社交媒体让精确锁定目标成为可能，例如，通过脸书或领英可以查看某个首席执行官何时会进行长途飞行，高管们何时将参加会议，或者不大可能对领导指示产生怀疑的新员工何时会成为诈骗目标等。

　　2015年，硅谷初创企业优比快（Ubiquity Networks）就遭遇了这种情况。仅上任一个月的首席会计师收到了来自据称是公司创始人兼首席执行官的电子邮件，以及伦敦一家律师事务所律师发来的电子邮件。这些电子邮件解释说，优比快正在进行一项秘密收购，指示他向国外银行账户电汇资金。在17天的时间里，他向俄罗斯、匈牙利和波兰等国的账户进行了14次转账，共计4670万美元，其中大部分未被追回。直到美国联邦调查局发出警告，该公司才意识到这一欺诈行为。美国联邦调查局一直在关注中国香港的一个账户，而其中的一些钱就转入了该账户。

受骗的公司绝对不止优比快一家。其他受害者还有美国支付转账公司Xoom（2015年损失3080万美元）、奥地利未来先进复合材料股份公司（2016年损失5000万欧元）、比利时新农业银行（2016年损失7000万欧元）、德国莱尼集团（2016年损失4000万欧元）、脸书（2017年损失1亿美元）和谷歌（2017年损失2300万美元），这些只是其中的几个例子而已。

在笔者担任环球银行金融电信协会首席执行官期间，该公司的财务人员就收到过一封据称来自我的欺诈邮件。公司当时说法语的首席财务官确认了这是欺诈邮件，一边诅咒一边提醒我说："戈特弗里德，虽然我知道你会说法语，但这封邮件绝对不是你写的，因为它使用的法语太标准了，甚至连语气都是正确的。"

此外，还有约会应用程序欺诈，这给在线约会带来了新的担忧。骗子们利用人们网上择偶的弱点，诱使他们落入复杂的欺诈陷阱。根据国际刑警组织2021年年初发布的关于约会应用欺诈的警告，在人们因新冠肺炎疫情而不得不独处的背景下，这种网络犯罪大幅增加。

它的行骗方式是这样的：犯罪分子先通过约会应用程序与目标人物建立恋爱关系。经过一段时间的沟通并赢得对方信任之后，犯罪分子开始与受害者分享财务技巧，并鼓励他们加入一个金字塔式的投资计划，其层次由他们的投资金额决定。

那些落入圈套的受害者会下载一个交易应用程序，并开设一个账户，然后在新"朋友"的监视下开始付款。一切看起来都是合法的，有屏幕截图，域名设计得与真实网站惊人相似，而客户服务代理也假装帮助受害者选择正确的产品。

直到有一天，所有联系全部中断，受害者被锁在账户之外，他们感到困惑、伤心，而且，据推测可能还有更加糟糕的情况发生。

然而，对于可能成为亿万富翁的犯罪分子来说，所有这些不法行为——伪造货币、网络钓鱼、高管捕鲸、信用卡造假、约会应用及加密欺诈等——都有不利的一面。这些方法的技术含量相对较低，有时需要他们亲自上阵，有时需要内鬼接应，有时诈骗范围很小，难以脱身或者容易被发现。换句话说，这些欺诈方式不可能带他们走得太远。偷取10亿美元只会发生在真正的支付网关，人们用来进行大额支付的银行和系统中。

由于必须满足某些先决条件，所以只有少数人或组织有能力发动这样的攻击。先进技术并不是唯一的手段。如果骗子专注于其他支付"网关"，有足够的耐心、一个内鬼和一家防控薄弱的银行，就有可能通过低端技术诈取大笔资金。印度钻石大亨尼拉夫·莫迪和旁遮普国家银行例子似乎最能说明这一点。

这位受过沃顿商学院教育、钟爱好莱坞的著名珠宝商是《福布斯》（*Forbes*）印度亿万富翁榜的常客，也是纽约一家商店的老板。尼拉夫·莫迪喜欢在媒体上抛头露面，但在2018年，他对宣传的热爱却使其深陷困境，一则爆炸性新闻为他带来了远超其宣传预算能够给他带来的"知名度"。

这一切都始于印度第二大国有银行旁遮普国家银行揭露的一宗18亿美元欺诈案。该行发布了一份刑事起诉书，随后由印度中央调查局公布，称涉嫌欺诈的主要受益者为这位富豪珠宝商、他的叔叔钻石交易商梅胡尔·乔克希（Mehul Choksi），以及他们各自的公司。

据称，尼拉夫·莫迪使用了一种印度特有的神秘贸易融资工具——承诺书，为其迅速扩张提供资金。该承诺书由代表进口商的银行签发，并发送给代表出口商的银行，这些银行通常在另一个国家。该承诺书实际上是告诉出口商的银行："你可以把钱借给出口商，我认识进口商，并保证他们会在6个月内付款给出口商。"

尼拉夫·莫迪似乎在旁遮普国家银行有一位有用的内部人士，此人在7年的时间里，向其他印度银行的外国子公司发出了200多封此类信函。然后，这些银行将款项预付给相关公司，这些公司则将钻石运送给莫迪。据称，莫迪一直在用新承诺书的收益偿还旧承诺书的欠账，而收益每次都在稳步增加。他在银行内的同伙可以进入旁遮普国家银行的支付网关，并使用环球银行金融电信协会的信息发送这些信件。由于旁遮普国家银行没有额外的控制措施，比如交叉检查信息，所以对正在发放的担保没有丝毫的察觉。等到发现欺诈行为时，它已经向其他银行提供了将近20亿美元的有效担保。

尼拉夫·莫迪目前被关押在在伦敦南部万兹沃斯监狱的一间牢房里，等待印度政府的引渡请求。如果被引渡并被判有罪，那么他将在印度监狱把牢底坐穿。

撇开尼拉夫·莫迪坐牢不谈，这些事件清楚地表明，跨境数字支付对骗子具有强大的吸引力。他们的目标可能在世界的任何地方，而诈骗所得可能会流向对洗钱管控松懈的国家。这些案子还有助于说明一个事实，即网关之于银行，犹如吊桥之于城堡。支付网关周围的安全至关重要——安全缺失有时会令人恐慌。然而，一旦漏洞被堵塞上，犯罪分子就会以与该行业一样快的速度，利用一切技术寻找新的漏洞。只要我们继续相互支付，支付管道就会成为犯罪目标。

第15章
隐形管道：支付背后的机制

每天，世界各地都会进行大量的支付活动，将巨额资金转移到不同的地方，而这一切都是通过一个错综复杂的、被称为"支付系统"的网络完成的。它是一个由多个系统构成的庞大系统，其背后的基础设施不仅巨大、多元，而且十分复杂。在这个系统中，不仅有维萨和万事达这样的行业巨头，也有你可能从未听说过的系统，比如英格兰银行自动清算支付系统（Bank of England's Clearing House Automated Payment System，简称为CHAPS），还有分布在世界各地的数百个其他系统，它们有的大，有的小，有的用途单一，有的用途多样。支付系统的复杂性很大程度上是由历史原因造成的，因为随着时间的推移，不同国家或地区的银行建立了自己的基础设施，而这些基础设施后来又被拼凑成同一个系统。

在第9章中，我们看到了支付所具有的强烈的国家色彩。现在的确如此，但不久之前它还只是一种区域性的活动。大约150年前，在国内转移资金并不比将资金转移到国外容易多少。比如在英国，直到1853年支票才开始在全国范围内流通，在此之前，英国人只能在开证行方圆10千米范围内签发支票。而在美国，直到20世纪初，支票才开始在各州之间广泛使用。

18世纪初，不仅没有直接借记和信用卡，而且只能在开证行结清账单（支票的前身），或者在附近一家愿意结清账单并承担相应风险的银行结清账单。毫无疑问，这限制了支付的可能性，使得支付不仅耗时、昂贵，而且缓慢。

随着时间的推移，银行开始集聚在某个地方办理业务。在大城市，银行联合起来集中对账单进行结算，这样一来，客户在一家银行持有的资金便可以用来支付另一家银行的客户。这种清算在约定的时间和地点"周期性"进行，在伦敦，五钟旅店（Five Bells Tavern，1773年成立的专门清算所）的清算恰恰是在不太可能但无疑令人愉快的午餐时段进行的。

尽管伦敦清算所（London Clearing House）的位置不太好，但它和其他类似机构很快就成了英国银行间支付的主力军。在早期，清算每周进行一次，然后在更繁忙的城市变成每天一次。随着18世纪中叶支票的出现，小城市里的银行开始在大城市的银行持有所谓的"代理账户"，这些跨区域账户网络使得资金可以在区、城市之间进行流动。虽然与在地区**之内**进行的支付相比，这种支付速度较慢，但至少资金可以流动起来了。

在一些国家，人工清算的传统仍在延续。如今，至少在一个发展中市场（国家），支票清算仍是在公园里的一个大树荫下进行。银行的代表们骑着小摩托，载着装满客户存在他们银行的支票的袋子到达现场，根据不同的开证行对支票进行分类，将它们一堆堆放好，之后，带上自己银行签发的支票一溜烟离开公园。

不过，现在绝大多数的支票、信用转账、定期支付和直接借记都是由清算系统跨国或跨货币区悄无声息地自动完成的。当然，理论上来讲，任何一个国家的任何一家银行都可以直接与其他任何一个国家的任何一家银行打交道。但考虑到在任何一个特定的国家都可能有几百到几千家银行，这种做法很快就会变得耗时、凌乱且昂贵。取而代之的是，清算所接收本国所有银行的指令，定期集中对其进行处理，将分类后的支票和指令发送回各自的银行，然后计算出银行之间的欠账。每个参与银行都会收到一组借记和贷记指令，显示哪些账户需要借记和贷记，以及一组净余额，显示每家银行的借贷情况。

有了这一点，每家银行都清楚自己可以从哪些银行获得多少资金，以及需要向哪些银行支付多少资金，然后，可以根据客户的具体情况对个人账户进行借记和贷记。

如今，这些基础设施已经完全实现了自动化，它们被相当缺乏想象力地称为自动化清算所（Automated Clearing House，

ACH）。[1]过去，一个自动化清算所需要一个完整的工作日才能清理支付，但现在许多自动化清算所的速度变得更快了，每天可以处理多个周期或批次。如果有人跟你说"你应该会在下一批拿到钱"，他的意思是你很快就可以拿到钱了。

有时，收款人的银行发起直接借记，但付款人的银行却发现付款人账户中资金不足。在这种情况下，交易会被退回到自动化清算所，这批资金只能等到下一批清算再处理。当然，正如2019年年初显示的那样，拿到钱可能只是时间问题。英国移动运营商三移动（Three Mobile）公司的一个处理错误，导致55万客户的银行账户提前4周被直接借记支付。结果，有些人的账户里一分钱不剩，另一些人则报告称，他们被征收了透支和/或支票拒付费用，以及其他服务提供商的滞纳金。这起事故在社交媒体上闹得沸沸扬扬，三移动不得不多次道歉，而《太阳报》（*The Sun*）则以题目为"移动呻吟"的头条新闻进行抨击。能源公司E.ON在2020年12月也犯了同样的错误，提前2周向150万客户收费（显然，其中很多人的圣诞节被毁了），这一次，《太阳报》

---

[1] 这些自动化清算所还有其他同样难记的名字，例如英国叫银行自动清算系统（Bankers' Automated Clearing System，BACS），法国叫交换和处理技术系统（Systèmes Technologies d'Échange et de Traitement，STET），而美国叫国家自动清算所协会（National Automated Clearing House Association，NACHA）。在这种情况下，欧元区被认为是一个内部区域，实际上拥有几个自动化清算所处理跨国单一货币支付。

使用的头条新闻标题是"说瓦特"。[①]

今天，支持所有这些支付活动的系统相互叠加，并连接到一个似乎不可想象的、相互依存的复杂网络。这个网络极其复杂，没有一个背景清白、思维正常的人会试图，更别说能够设计出来。大量的支付通过由多个网络组成的迷宫一样的网络流动。每一天，整个系统都会来回进行数万亿次支付，从你到我，从他到她，从一家公司到另一家公司，从银行到银行，从国家到国家。

撇开历史不谈，该系统具有一定程度的复杂性是不可避免的，因为小额支付和大额支付需要的"管道"不同。支付的数额也各有不同，从50美分到50亿美元不等。无论是我的电话账单还是你的午餐费，抑或公司的工资单、股息支付及离婚协议，每一笔支付都必须得到处理。人们都有自己的支付选择，你可能会选择使用支票支付税款，但你可能更喜欢通过银行自动转账来领取薪水；你可能喜欢通过直接借记支付水电费的确定性，通过信用卡进行大额购买的安全性，以及通过借记卡进行小额购买的便利性；你还可能会使用现金支付零散的费用。这些支付方式各有所长。

表15-1显示了我们如何将支付划分为三大交易类型。第一行代表我们在商店、市场和网上购买的东西。仅此一项就意味

---

① 英文为Say Watt，与Say What同音，这里是一个谐音双关，即"说什么"。——译者注

着每年有将近20000亿笔支付，即地球上的每个人每天都要进行
一笔以上的支付。①绝大多数的支付数额都很小，平均约为20美
元，但总价值却为每年400000亿美元，约占全球国内生产总值的
一半。

表15-1　主要支付流概览

支付流	交易（亿/年）	总价值（亿/年）	平均值（美元/交易）
购买	1800	370000	20
发票	300	9000000	3000
金融	2	50000000	2500000

资料来源：国际清算银行（BIS），作者分析。

　　第二行显示了我们向企业和政府兑付的发票——租金、水
电费和税费，以及我们从它们那里获得的资金——工资、补贴和
社会福利。这一行包括企业对企业的支付，该支付是供应链的基
础，也是作为任何（后）工业社会引擎的一般商业活动的基础。
这些交易的频率低于我们的日常购买频率（全球每人每周大约购
买一次），但它们的支付数额则要大得多，平均每次约为3000美

---

　　① 表中列出的所有数字均为2019年25个国际清算银行下属的支付和
市场基础设施委员会（Committee on Payments and Market Infrastructures,
CPMI）成员国的数据。

元，总价值相当于全球国内生产总值的10倍多。

最后，但并非最不重要的一点是，在最底层，你可以看到银行和其他金融参与者之间的资金流动，比如养老金和对冲基金，以及大借款人——公司和政府。这些大额支付的数量要少得多，甚至每人每年都不支付一笔，但规模巨大，平均每笔超过250万美元。总价值约为每年50000000亿美元——是全球国内生产总值的70倍。

这三个类别覆盖范围自然十分广阔，包含许多不同的支付流，每一个都特征明显，需求各异。但支持不同支付流的系统都是相互依赖的——没有大钱，小钱就无法流动；没有小钱，大钱也无法流动。在我们可以看到的销售点终端、自动取款机等东西的背后，有一个非常重要的基础设施，它就是能够让资金神奇地从A处 "旅行"到B处的支付管道。支付管道的绝大部分是隐形的，尽管在任何特定国家或货币区，它是以单一连接"系统"形式呈现的，但其实它是由差异显著的不同系统构成的，而且必须解决我们在第3章中提到的三个关键挑战：将风险降至最低、尽量减少流动性、将约定最大化（意思是它们必须被商家广泛接受，并被客户广泛使用）。

约定在零售支付中的作用最为重要，解决方案要便于消费者使用，而网络效应要有利于连接多个交易用户的系统，越多越好，正如我们在第3章中所看到的那样。这就是为什么零售系统倾向于高度本地化，并且保持这种态势。与此同时，结算风险和流动性在最底层最为相关。为什么？因为数万亿美元的价值每天都在这些系统中流动。建立大额支付系统时必须对流动性和风险进行权衡，我们将在第16章中探讨这一点。

观察清算所的运作方式，就可以看到这种权衡发挥的作用。清算所的一个关键特征就是要对支付进行"净额清算"。这并不是说它们会从支付中扣除税收或者国民保险，相反地，这意味着银行可以用其负余额（它们欠别人的钱）抵消其正余额（别人欠它们的钱）。在每个净额清算周期结束时，银行只需结算它们之间的净值即可。

这种安排不仅降低了银行的总体处理成本，还为银行节省了宝贵的流动性，因为在这种情况下，它们只需要有足够的资金来结算净额就可以了。

然而，净额清算系统有两大缺点。首先，处理速度相对较慢。传统上，净额清算在傍晚，甚至在晚上进行，这意味着付款至少需要一天时间才能到达另一家银行，而且有时时间可能会更长。

其次，净额清算系统存在风险。如果一家银行在某个周期内倒闭，那么到那时为止的所有付款都必须被退回。即使它已经向其客户支付了款项，后者也无法收到相关资金。在实际操作中，这意味着银行只有在净额清算周期结束、所有净额在银行之间完成转移之后，才会向客户提供信贷。对于客户来说，这样的操作可能并不理想；但对于银行来说，其效率和经济性却因此大大提高。

就我们普通日常支付而言，净额清算风险是可控的。只有当我们进行表15-1最后一行的大额支付时，净额清算的表现才会表现得不尽如人意。如果这些高价值的支付需要一天或更长的时间才能最终完成，一旦出现问题，相关银行就会面临重大风险敞口。假如一家银行在此期间倒闭，它可能会因为欠相关银行几倍于其资本的债务而破产，而这些银行也会随之一起破产。一次破产可能导致系统性崩溃。1974年6月，德国默默无闻的小银行赫斯塔特银行（Herstatt Bank）以轰轰烈烈的方式展示了这一点，给世界提供了一个令人信服的、必须寻找更好方式来处理高价值支付的理由。

德国监管机构发现，赫斯塔特银行在对美元进行一系列灾难性的押注之后，损失了10倍于自持资本的资金，因此吊销了它的营业执照。一家银行只要失去资本就会破产，何况这一次数额巨大。即便如此，赫斯塔特只不过是德国排名35位的一个小银行，假如不是它参与了与其他德国银行的大量美元和德国马克交易，它的破产可能就是一个纯粹的国内问题。这些银行已经把德国马克汇到了位于法兰克福的赫斯塔特银行，等着几小时之后在纽约收到等值的美元。然而，美元终未到达，因为赫斯塔特在纽约市场开盘前宣布破产。

赫斯塔特在纽约的业务银行大通曼哈顿银行（Chase Manhattan）冻结了它的账户，并停止为其支付美元。该事件对整个纽约金融体系产生了即时而强烈的影响。随着银行间信任的蒸发，流动性——银行用来帮助处理支付的资金——逐渐枯竭。美国银行间的支付数量下降了60％，银行间同业拆借利率大幅上升，当然也对客户产生了影响。然而，本次事件的影响不只局限于美国国内，而是径直穿过大西洋返回了欧洲。这一切都是由于一家德国小银行倒闭造成的。

第16章
如何转移 10000 亿美元：
为什么我们需要中央银行

在1997年的电影《黑衣人》（*Men in Black*）中，一个秘密的政府机构负责管理地球上的外星难民，同时对大众隐瞒其行踪。许多中央银行行长不太可能以这些人为榜样，但你可以认为他们在全球金融体系中扮演着大致相同的角色。中央银行行长们都十分清楚金融体系内存在的危险——该体系可能会崩溃或者瓦解，并产生灾难性的后果，所以他们竭尽全力想要消除这些危险。而我们在很大程度上还没有意识到这一点。当出现问题时，他们就像在赫斯塔特银行事件中所做的那样，首先是处理眼前的危机，然后阻止此类事件再次发生。

我们从赫斯塔特事件学到的教训是，银行之间的巨额债务不能放任不管，必须通过支付系统尽快进行清算。这就需要一条新的将银行和中央银行连接在一起的大口径金融管道。真正的大管道可以瞬间转移数十亿、数万亿资金。

这些系统处理的金额大得令人难以想象。2008年金融危机期间，当数十亿、数万亿的数字开始定期出现在每日新闻公报上时，人们对这些数字感到困惑。这倒有一个好处，就是为了算出这些庞大数字背后到底有多少钱，博主们忙得不可开交，几乎成了一个产业。他们提供的一个解决方案是用实物货币将数字可视化。比如说，价值100万美元的钞票可以装满一个公文包。要是10亿美元（1000个100万美元），你显然需要10个装满100美元钞票的托盘。如果是10000亿美元，你需要一个全尺寸的国际足球场，而且你必须把托盘堆放3米高。

正如我们在前一章中所看到的，净额清算绝对不是转移如此大量资金的方法。如果你想转移10000亿美元，你真正需要的是一个在银行之间逐一实时结算大额支付的系统。而且，使用这个系统时，这些支付是"最终的"、不可返回的。各国中央银行采用的解决方案便是实时全额结算系统（Real-Time Gross Settlement，RTGS）。你可以认为，实时全额结算系统所扮演的角色和第1章中在小岛上转来转去的那100美元钞票一样，只是数额大得多而已。该系统可以让银行之间（在一个国家或某种货币中）的所有债务立即得到清偿，避免其积累过多形成风险。

1996年，当英国的自动支付清算系统——也就是英国的实时全额结算系统——上线时，时任英格兰银行行长的爱德华·乔治（Edward George）将该系统描述为"涅槃"。也许你必须是一名中央银行行长，才能在实时全额结算系统中找到涅槃。但如果你是一名中央银行行长，你会是一个谨慎的人，你会想知道，银行间积累的巨大风险敞口是否应该及时尽快解决。

虽然实时处理每笔付款可以消除信用风险（并帮助中央银行行长们在夜间睡个安稳觉），但这是一项昂贵的业务。不是因为建造和安装这些系统的成本（毕竟，这些系统是由中央银行运行的），也不是因为运行和维护它们所需的人力或机器，而是因为这些系统的实际燃料——钱。正如那个小岛需要100美元的钞票来推动支付活动一样，实时全额结算系统也需要流动性，而且需要的更多。

联想一下我们提到过的数字，再看看下面这个数字。英国的自动支付清算系统每天的处理量约为3650亿英镑。[1]这看起来像一个巨大的借据，但与最大的两个高价值支付系统——处理美元的美联储转移大额付款系统（Fedwire）和处理欧元的泛欧实时全额自动清算系统2（TARGET2）处理的价值支付相比，这些金额就相形见绌了。这两个庞大系统每天各自处理近30000亿美元，而全世界所有银行的风险资本总量才接近60000亿美元。这意味着，仅美元和欧元即时支付结算系统处理的日交易量之和，就等于全球银行系统的基础资本。换句话说，如果这些支付没有成功或者支付之后又被撤销，那么整个银行系统可能就会

---

[1] 2020年前6个月，日均价值为3650亿英镑。

崩溃。

虽然全额结算可以降低风险，但它需要银行提供的流动性大大超过净额清算。为了进行这些大额支付，银行需要用大量资金预先为实时全额结算系统提供支持。由于银行维持这种规模的流动性成本高昂，因此该系统力争将所需金额降至最低。其做法是，允许参与者运行抵押担保负余额（即政府债券担保的透支），并以最佳顺序执行付款的算法来运行。规模更大且最先进的实时全额结算系统允许参与的银行将其必须过账的资金限制在每日清算价值的1％以内。

谷歌支付团队高管戴安娜·雷菲尔德（Diana Layfield）称，支付系统所能企盼的最大荣誉就是被遗忘。按照这个说法，实时全额结算系统得分非常高。我们大多数人甚至不知道它们的存在。再者说，我们为什么要知道呢？我们日常支付的大部分款项与其处理的金额相差数十亿美元，而且它们似乎与我们相隔数百万千米远。但这并不意味着我们不依赖这些支付系统。只有当它们**停止**工作时，我们才会得到痛苦的教训。

谢天谢地，重大问题很少发生。然而一旦发生，其影响——正如不幸的英国购房者发现的那样——是立竿见影的。"今天早上我给我的律师打了电话，他说，他们没有收到任何资金，也没有从我的抵押贷款提供商那里获得任何资金。"英格兰科尔切斯特居民乔·弗里德莱因（Joe Friedlein）这样告诉记者，然后发了一条推特："这一定是'我不想在搬家那天发生的事情'清单上的第一条。"

　　弗里德莱因的经历并不是一个例外。由于英国的自动支付清算系统中断，数百笔英国房屋销售付款未能在当天完成。该系统在周末向系统中添加了一家新银行，并删除了另一家，当周一早上6点重新启动时，系统已经崩溃了。

　　"我10岁的孩子就可以通过智能手机转账，但英格兰银行系统却在进行升级时崩溃了！"英国广播公司（BBC）采访的另一位受影响的购房者哀叹道。英国房地产代理商协会（National Association of Estate Agents）警告，这次延迟可能会对定于本周晚些时候进行的支付产生级联效应，而《金融时报》则使用了一则大字标题惊呼"英格兰银行支付系统崩溃导致数千笔购房交易延期"。

　　那天，自动支付清算系统中断的消息充斥着英国媒体，而且跟所预见的一样，几乎所有的报道都集中在该事件对房屋销售的影响上，而悄悄地避开了70%已经完成的交易，并且忽略了房地产销售仅占通过该系统转移的总价值的0.1%这一事实。

　　媒体关注房地产市场的决定可能反映了英国人对房地产的痴迷。但它也掩盖了一个问题，即人们没有想象过，支付系统更长时间的停摆可能意味着什么。艾伦·格林斯潘（Alan Greenspan）从1987年起至2016年一直担任美联储主席，他没有这样想过。2007年，在卸任之后，他写道："我们一直认为，如果你想削弱美国经济，破坏掉支付系统即可。银行将被迫转而依靠效率低下的实物资金转移。企业会以货易货并使用借据，全国的经济活动水平会像石头一样往下落。"①

事实上，正如《金融时报》几年后在其Alphaville博客上重温英国自动支付清算系统事件时所说的那样："如果这种崩溃经常发生，将有可能造成英镑货币市场的系统性崩溃，给英国经济带来灾难性的后果。人们会付出巨大的牺牲，鸡飞狗跳，乱作一团。"

这些高价值支付系统的崩溃真的会导致这样的末日情景吗？为了回答这个问题，可以将支付机制与铁路系统进行类比（这并非对我们一直使用的管道比喻的不尊重）。火车就是钱，车站就是支付网关（维萨的读卡器和自动取款机），而铁路支线则是将资金输送到网关的零售线路。将这一切连接在一起并为它们提供动能的是一些重型干线和枢纽站。这些就是你的实时全额结算系统。

通过这些干线进行的支付包括，对企业的紧急和高价值支付，以及偶尔为消费者购买房屋等大额项目进行的支付。实时全额结算系统还处理国内其他系统的结算支付，比如我们之前谈到的银行间净额清算系统。

---

① 在格林斯潘发出警告后一年内，美国经济真的像落石一样下滑了，但这与支付系统毫无关系。他准确地描述了如果支付系统被破坏会发生什么，他只是没有考虑，还有什么东西可能引发同样的结果。

　　这些干线和主要枢纽必须有足够的能力承载数千名乘客（相当于零售支付），而且，它们也需要足够强大，能够支撑运载数千吨铁矿石和钢铁的大型货运列车（银行间的高价值大额支付）。这部分基础设施**必须**正常工作，否则整个网络将出崩溃。

　　那么，让我们回到前面的话题，如果实时全额结算系统暂停运行超过一天时间，我们**会**怎样？你可能会想，三十多年前，没有它们，我们生活得很好，今天我们依然能够安然无恙。不仅如此，没有互联网、手机和个人电脑，我们也活下来了。想象一下，假如现在没有这些东西，这个世界会是怎样一番景象？当然，有其他东西可以依靠——固定电话、邮政服务、实体店和银行，但这些东西并不能满足我们现在的需求。因此，会出现很多我们**做不到**的事情，以及很多我们**不会做**的事情，商业活动将大幅减少，经营成本将成倍增加。

　　与没有谷歌、脸书和电子邮件的生活不便相比，没有实时全额结算系统会使现代经济面临一场更为严峻的考验。你可能认为我们至少可以保持冷静，继续我们的日常购物，因为这些小额零售支付依然可以通过信用卡网络和银行间的支付系统进行。然而，你却忽略了银行之间日益增加的风险敞口，以及杂货是如何到达商店、汽油是如何到达加油站的。超市和石油公司进行的都是高价值支付，它们的进口依赖跨境支付和外汇结算。虽然公司可能会让客户的债务累积几天，就像本书第1章中小岛上的居民那样，但在某个时刻，它们会停止这样做。然后就会出现这样的局面：超市无法进货，加油站无法进油，工资无法支付等。

保持这些大价值体系的运转对社会的平稳运行显然十分重要。当灾难袭来时，它们也发挥着重要作用。危机发生之后，中央银行行长们需要扮演金融消防员的角色，使用巨大的流动性来扑灭金融混乱和潜在的恐慌火焰。他们通过实时全额结算系统等管道，将流动性输送到发生火灾的每一个地方。

没有比"9·11"恐怖袭击下的曼哈顿更好的例子了，它击中了全球金融体系的神经中枢。毗邻世贸中心的32层建筑是电信集团威瑞森（Verizon）的关键枢纽，其中包含可以说是世界上最密集的电缆和交换机。它拥有超过400万条数据线路、10座移动电话塔、30万条拨号线、纽约证券交易所的通信系统和纽约市的主要紧急开关。当世贸双子塔倒塌时，钢梁穿透了威瑞森大楼的前部，铜线和光纤被从插座中拔出，较低的楼层被水淹没。电力全部中断。

虽然袭击造成的毁灭性后果要广泛得多，但对这一神经中枢的破坏需要尽快采取行动予以修复。美联储迅速介入。它购买了价值300亿美元的政府证券，将现金加入银行的储备账户，使其能够有效地进行贷款和支付。美联储还向银行直接贷款450亿美元，为支付提供了更多流动性。由于美元借贷在国外变得越来越昂贵，美联储还通过与世界各地中央银行的互换额度，向外国银行提供美元。在袭击发生后的几天时间里，美联储总共注入了大约1000亿美元的流动性，从而对防止全球金融体系崩溃起到了帮助作用。

"9·11"事件之后，人们做了大量的工作来改善银行业的实体冗余和弹性。监管机构要求银行在偏远地区建立备用站点，建立双重通信系统等。然而，又一个危机出现了，当然，这次情况完全不同。

2008年的金融危机没有涉及电力和电信中断、洪水和交通中断，因此实施的任何措施都没有起到什么作用。投资银行雷曼兄弟于2008年9月13日至14日的周末倒闭，与之相比，赫斯塔特银行崩溃事件仿佛就是小儿科，雷曼兄弟破产让国际金融关系面临前所未有的考验。这一次，美联储和世界各地的中央银行不得不动用强硬手段，而且，实际上还动用了所有的手段，包括政府主导的从银行购买不良资产的计划。

雷曼兄弟并非支付领域的重要角色，事实上，它甚至根本不在这个行业里。但它参与了一个令人眼花缭乱的交易网络，其中许多交易涉及长期复杂的衍生产品、证券和外汇交易，而交易对手遍及全世界。因此就出现了下面的情况，即在雷曼兄弟已经宣布破产之后，倒霉的德国复兴信贷银行（KfW）还是将其4.26亿欧元的支付互换电汇给了它（这家银行因此为自己赢得了"德国最愚蠢银行"的称号）。法国巴黎银行（BNP Paribas）的风险敞口为4亿欧元，而前苏格兰皇家银行（Royal Bank of Scotland）的风险敞口则为10亿英镑。总的来说，仅雷曼兄弟的英国实体就欠下了360亿英镑的债务。

　　赫斯塔特银行的崩溃揭示了外汇市场的软肋，"9·11"事件暴露了证券市场的弱点，而雷曼兄弟的破产则让衍生品世界大白于天下。特别是，它让人们看清了信用违约掉期（CDS）的黑暗世界，而信用违约掉期就是让投资者为公司债务违约风险提供保险的工具。这些衍生品在很短的时间内就从相当明智的风险管理工具，演变成了沃伦·巴菲特所称的"大规模杀伤性金融武器"。①这个市场的规模从2001年的不到10000亿美元，激增到2008年的600000亿美元，而且变得更加复杂。这些信用违约掉期中的大多数都没有用于企业债务。相反，它们被用来为次级抵押贷款违约提供保险，其中许多还涉及与欧洲银行和亚洲银行的复杂金融交易。

　　幸运的是，在这场金融危机中，管道一直保持畅通。一旦世界各国中央银行注入资金，以取代银行间现已枯竭的流动性，支付就会顺利进行。如果没有处理大笔资金的实时全额结算系统，情况可能会更加糟糕。与伏尔泰对神圣罗马帝国"既不神圣，也不罗马，更非帝国"的评价不同，全球金融体系应该说表现得非常好。这场危机还证明了一点：即使没有我们的关注，该系统也会变得如此的庞大和复杂。

---

　　① 沃伦·巴菲特（又被称为"奥马哈圣人"），美国投资者，也是美国伯克希尔·哈撒韦投资公司（Berkshire Hathaway）的董事长兼首席执行官。2003年，他在给伯克希尔股东的年度信函中首次发表了这一评论。

尽管信用衍生产品在2008年金融危机期间的表现与巴菲特的描述一致，但它们与其更普通的表亲——利率和外汇衍生品———起，再次成为金融业不可或缺的工具。与证券（股票和债券）和外汇市场一样，它们也是全球大价值转移系统的核心组成部分。

世界上最大的银行在这一体系中发挥着关键作用。它们主导着证券、衍生品和外汇市场。它们为支付和结算提供流动性，同时也是支持性基础设施的主要参与者。[①]仅摩根大通一家，每天的大额支付就达到60000亿美元。

虽然各个排行榜各不相同，但每个排行榜上都有这些顶级玩家：摩根大通、花旗银行、德意志银行、汇丰银行和纽约银行等。在这些榜单中，西方的主导地位是由历史、地理和（最重要的）美元决定的。买家和卖家都需要深度的、流动性强的市场，这给予了这些大型参与者一种优势。

我们应该如何看待这些复杂、鲜为人知的金融市场呢？这些大玩家只是在一场高风险的击鼓传花游戏中，冒着越来越大的风险把我们抛入危险之中吗？从某些角度来看可能是这样，但是，全球大额转移系统是使我们能够支付和借贷，并为商业和贸易的车轮提供动力引擎的不可或缺的组成部分。到目前为止，还没有人找到更好的方法。如果没有外汇市场，跨境支付将更少、更慢、更昂贵，从而使贸易量减少。没有利率互换，就不会有固定

---

① 比如中央银行和中央证券存管处。

收益养老金，也不会有抵押贷款或贷款——或者至少要少得多，因为只有在确认了投资者愿意承担相关风险的时候，银行和其他供应商才会为其提供贷款。如果没有银行和股票债券资本市场，企业获得资金的渠道就会少很多。

我们可以讨论银行的行为是好是坏；它们是否向高级职员支付太多，而向储户支付太少；它们是否将更多的钱借给了它们认为应该借给的人，等等。但总的来说，我们需要它们。正如我们从雷曼兄弟的教训中认识到的那样，它们越大，我们就越需要它们。

自雷曼兄弟银行破产以来，各国中央银行并非无所事事。事实上，它们在超速运转。它们想去除人们头脑中银行"大而不倒"的想法，同时采取措施让银行变得更强大。为了实现这一目标，它们要求银行持有更多资金，定期报告经营情况，并将其风险集中在中央基础设施中，以提高透明度，帮助抵消任何个别银行违约的影响。这些基础设施是为了抵御崩溃而建立的，为了实现这一目标，它们对参与者设定了严格的准入标准。这些强制措施发挥了作用也罢，没有发挥作用也罢，反正绝大多数的大型银行依然大而不倒，正如它们所依赖的中央基础设施太大而不能崩溃一样。政策制定者似乎接受了安德鲁·卡内基（Andrew

Carnegie）①的建议："把你所有的鸡蛋放在一个篮子里，然后看着那个篮子。"

我们已经看到维萨或英国的自动支付清算系统暂时中断运行的情况，但到目前为止，都没有超过一天时间。也可以这样说：如果这些系统中断运行，比如说，一周的时间，就可能会给全球经济带来严重的困扰，并对整个社会造成破坏。

新冠肺炎疫情对全球经济造成巨大的冲击，并以前所未有的方式限制了个人和企业的自由，这是以前习惯于生活在和平、民主社会中的人们所无法想象的。但我们仍然可以支付，也可以被支付，还可以出去购买食物和燃料。想象一下我们的支付停止的情况：即使我们找到了购买食品杂货的方法，超市无力补充货物，我们无法支付燃料或交通费用，供应商无法支付员工的工资和供货方的费用。我们会看到定量配给、黑市甚至军事管制重现吗？多久之后经济和社会就会彻底崩溃？

幸运的是，有一些机构专注于解决这个问题。金融稳定理事会（Financial Stability Board，FSB）是一个监督全球金融体系的国际机构。它的使命是促进国际金融稳定，而且已经关注支付很长时间。各国中央银行也牢牢地盯着支付，尤其是通过它们设在

---

① 安德鲁·卡内基（1835—1919）是一位苏格兰裔美国实业家和慈善家。他在19世纪末领导了美国钢铁工业的扩张，成为历史上最富有的美国人之一。

瑞士巴塞尔的国际清算银行（Bank for International Settlements，BIS）。

没有国际清算银行，我们就无法对全球支付系统（以及任何自以为是的阴谋论）进行审查。那么，它的职责究竟是什么呢？该组织成立于20世纪30年代，为了便于德国根据《凡尔赛条约》的条款支付第一次世界大战后的赔偿，最初的成员是接受这些赔偿的欧洲国家的中央银行。作为一家拥有自己资产负债表的银行，国际清算银行有时会代表中央银行进行干预，以保护其身份，防止投机者利用敏感信息。随着时间的推移，国际清算银行也演变成了类似于世界中央银行协会的东西。作为其通过国际合作促进全球金融稳定使命的一部分，它为银行制定标准，帮助它们跨境运营。

这样就够了吗？只有时间能证明一切。正在进行的支付革命给监管机构带来了巨大挑战。金融稳定理事会、各国中央银行和国际清算银行正在进行一场持续的审查和追赶游戏，扩充规则，扩大职权范围。它们面临着说客和特殊利益集团的持续反对，这些人的职责就是削弱法律法规的作用。银行业和科技行业有着巨大的税收收入和庞大的就业数据，它们拥有巨大的政治影响力和资源，可以雇用大量高薪说客——通常是前监管机构和公共部门官员——为其摇旗呐喊，维护其利益，阻碍规则的执行。与此同时，快速变化的步伐一刻也不停歇，任何进步可能很快就会被其他新的进步所超越。

跨境支付是每个人既爱又恨的支付方式。它们给人们的感觉是昂贵、缓慢且不透明。**任何**试图将几百美元汇到地球另一边的人都可以证实，这种感觉是真实的。

跨境支付可能涉及模糊的银行代码、无法识别的账户格式，以及与支付完全无关的详细信息请求。如果你曾经进行过跨境支付，你可能还记得需要说明谁来承担费用，而这些费用是很大的。即便明确规定了你——汇款人——将支付所有费用，但后来你却发现，收款人的银行仍然扣除了额外的费用。而且，这个情况是在你提交付款一周后才发现的，钱到没到账及收到了多少必须由收款人告知你，因为你自己的银行可能对此一无所知。

在过去的几十年中，跨境支付需求激增，尤其是低端支付。我们现在越来越多地在网上购物，而且通常是从世界另一端的网络商店购买的。每年，2亿国际劳工向自己的祖国汇寄6000亿美元的资金。除此之外，还有500多万国际学生支付学费和生活费。虽然新冠肺炎疫情已经明显阻碍了国际旅行，但还是有商务旅行者和游客为旅馆住宿、搭乘出租车或者购物等进行跨境支付。

经济活动的地理概念已经发生了翻天覆地的变化，但支付却没有跟上。考虑到现有的技术，这种情况更加令人惊讶。如今，我们可以与世界上任何地方的任何人实时互发电子邮件、聊天和视频通话，而且通常只需很少或者不需要任何费用。我们可以用借记卡从世界各地的自动取款机提取当地货币。我们几乎可以在任何商店、任何地方递上信用卡，立即为购买的商品和服务支付费用。为什么从事跨境信用卡交易的银行不能顺畅地进行跨境信用卡转账交易呢？

问题在于边界、货币以及规模。银行和货币（当然，欧元除外）通常都是在国内运营和使用的，绝大多数支付也都是在国内而不是跨境进行的。尽管人们经常说"把钱寄到国外"，但实际上"钱"并没有被"寄出去"。毕竟，如果英镑被送到法兰克福或欧元被送到伦敦，那又有什么用呢？当你停下来考虑这个问题时，很容易就会发现，钱是不会"移居国外"的。绝大多数外国支付在过去和现在都是通过一个名为代理银行的系统来处理的。该系统设计的初衷正是为了避免将黄金和其他硬币搬来运去。

代理银行是如何运作的呢？其方式和我在荷兰的哥哥对我说的差不多："你还有一个美国银行账户，对吗？如果你替我支付这张美国发票，我会在你的荷兰账户上用欧元还给你。"然后，将其放大到工业规模上想象一下。当然，与我不同的是，银行不是免费的。为了满足客户的跨境需求，大型银行需要在世界各地的银行开立数百甚至数千个账户，所有这些账户都需要资金维护。

以美国一家公司为例，该公司需要向中国的供应商支付货款。这家公司的规模很大，经常与美国一家大型银行进行合作。该银行规模庞大，而且即将在中国开展业务，因此需要在一家中国的银行开设账户。账户开设好后，它会向该银行发出指令，让其使用该账户向中国供应商支付货款。这家中国的银行会对这家美国银行的账户进行核查，如果上面有足够的资金，它会处理这笔支付。在此过程中，这家中国的银行就充当了这家美国银行的"代理银行"。

有时，一次支付需要经过多次"跳跃"才能到达最终目的地。如果那家美国银行是一家小型社区银行，那它很可能无法在中国找到代理银行。在这种情况下，它会利用一家更大的美国银行作为中间人，要求其将款项发送给它在中国的代理银行。如果中国供应商签约的也是一家小型银行，那么，中国的这家代理银行就必须通过国内支付系统来处理这笔支付。你现在也许开始明白，为什么这些事情需要时间和金钱了……

在某种程度上，代理银行业务类似于航空公司之间的业务关系。你**可以**从世界上的任何一座机场到达另一座机场，但不一定是直接到达，这段旅程可能涉及几个不同的航段。这就是规模和平衡之间的关系。你之所以不能从任意一个机场飞往另一个机场，是因为没有足够的交通来维持航班。与航空公司系统一样，代理银行业务有自己的主要全球跨境支付中心，相当于四通八达的英国希思罗、美国奥黑尔和新加坡樟宜机场。全球有十几家这样的银行，每家都与数千家银行有代理关系。下面一级是充当"区域中心"的中型银行，它们为该地区的其他银行处理支付，并将其转交给一家全球银行。最底下是一些小型银行，主要处理自己客户的支付，而境外支付业务则通过其他银行来进行。

和航空旅行一样，支付过程可能很长，但大多数只涉及一两个"航段"。70％的跨境支付只涉及汇款人银行和收款人银行或者一个中间人，而这个中间人通常是一个大的跨境支付中心。只有极少数支付需要更长的银行"链条"。

代理银行系统使大量价值在世界各地流动：每天总计接近10000亿美元，包括约200万笔个人支付，平均价值接近50万美元。[1]这些价值流动包括货物运输的商业支付、企业对企业的发票，以及其他金融流，比如与跨境证券和衍生品相关的支付。

你可能想知道银行是如何为其代理银行账户提供资金的。毕

---

[1] 这包括国内代理银行业务，占总数的三分之一。涵盖国际交易的国内分支业务，以及纯粹的国内代理银行业务，即同一国家的银行使用环球银行金融电信协会系统通过彼此之间的账户进行的结算。

竟，不仅个体消费者不能跨境搬运资金，银行也不能。为了解释其运作方式，让我们回到中国的银行和美国银行及其客户的例子。

如果这家美国的银行继续在中国为其美国客户支付发票，它在美国将有一笔可观的美元积累，但它在中国的银行账户上的资金将耗尽。为了重新平衡该账户，它就需要利用外汇市场。需要人民币的美国的银行将寻找一家需要美元并愿意出售人民币的交易对手，比如一家中国的银行。然后，这家中国的银行将把人民币转到美国银行在中国的账户，而美国的银行则把美元转到中国的银行在美国的代理银行的账户。换句话说，这两家银行将两项跨境交易变成了两项国内交易。

尽管代理银行系统与时俱进发生着变化，但它使用的许多术语仍然来自它的起源地——14世纪的威尼斯。例如，在我们的例子中，美国的银行将其在中国的代理银行的账户称为"Nostro"账户，nostro在意大利语中代表"我们的"；而令人困惑的是，中国的银行将同一账户称为"Vostro"账户，vostro在意大利语中代表"你们的"。

"代理银行业务"一词也可以追溯到银行过去通过船只运送信件发送指令的年代。同样，"电汇"一词起源于电报时代，但如今仍在继续使用，不仅用于跨境转账，也用于美国境内的长途支付。这是因为美国的银行过去只能获得州一级的业务许可，所以必须依靠国内代理来进行州际支付。电报逐渐被电传打字机——即更为人们所知的电传所取代，而电传随后被全球电子跨境网络环球银行金融电信协会系统所取代。①

环球银行金融电信协会创立于20世纪60年代末或70年代初。该系统无疑是时代的产物，当时，人们希望能够创建一个单一的共享系统，将世界各地的银行连接起来，克服成本、安全、时间、信任、语言和技术等问题。

这并不是一场白日梦。环球银行金融电信协会于1977年上线，其中包含15个国家的239家银行。每家银行都有一个环球银行金融电信协会终端，通过它可以输入指令，发送给代理，并检索代理发回的指令。环球银行金融电信协会现在连接了几乎所有国家的1万多家银行，每天通过网络发送约3000万条信息。其中大约一半与支付有关，但该网络也用于与证券和外汇结算以及贸易融资和信用证（我们将在本章后面部分看到）相关的通信。

代理银行业务系统覆盖范围广泛，可以让付款到达世界任何地方的任何银行，无论其使用何种语言，遵循何种国内约定。为了实现这一点，支付指令必然相当复杂，它们需要涵盖各种各样的银行业务、寻址系统、货币转换、收费、汇款信息、数据保护和金融犯罪监管等。正如20世纪70年代的空想家所设想的那样，

---

① 电传打字机这个术语具有很好的描述性：电传就像是通过电报线远程操作的打字机。在电报线的发送端，打字员在键盘上输入字符；在接收端，一台机器将字符打印在一条可以被人们（或一些人）阅读的纸带上。

环球银行金融电信协会将这些指令的格式标准化，还为每家银行分配一个八个字符的地址，称为环球银行金融电信协会码或者银行识别码（BIC）。[1]

由于通过环球银行金融电信协会系统发送的指令在世界各地的账户之间移动了数万亿次，因此该网络高度安全，并为银行提供了验证指令的工具。

如果你仍然不喜欢代理银行业务，而且你也没有通过它转移过大笔资金，那么还有其他方法可以"把钱汇到国外"。最古老的方法是哈瓦拉（Hawala），这是一种非正式的支付系统，至今仍在伊斯兰国家使用。该系统起源于8世纪，早于代理银行业务，但其基本机制相似。与代理银行业务一样，它依赖中间人维持彼此之间的账户。但哈瓦拉中介是交易商，通常是商人（而不是银行），账户也是非正式的，而且，它完全是一个依靠信用来维系的支付系统。

使用哈瓦拉汇款时，钱是通过被称为"哈瓦拉经纪人"（hawaladar）的哈瓦拉交易商汇出去的，这些人对自己的所有交易进行非正式的记录。比如说，迪拜的一位客户准备让当地的

---

① BIC过去代表银行识别码（Bank Identifier Code）。由于非银行组织现在也可以加入该网络，该名称已改为企业识别码（Business Identifier Code）。这样做只是让事情变得更加混乱，BIC有时也用于指称"电传码"（telex code）。

一位哈瓦拉经纪人将500迪拉姆汇到巴基斯坦。此人会与巴基斯坦的一位同行联系，要求他以卢比（减去佣金）向收款人付款。然后，两个哈瓦拉经纪人都会更新自己的记录以反映所进行的交易。他们的记录会是这样：汇款方的哈瓦拉经纪人现在欠收款方的哈瓦拉经纪人500迪拉姆或等值的卢比。或者，这两个哈瓦拉经纪人可能有其他业务往来，以此抵消这笔汇款。他们也可以将几笔交易汇总起来，并通过另一个渠道将欠款汇过去，比如通过其他哈瓦拉经纪人、银行业务系统或者汇款运营商。

　　这个体系完全建立在信任之上。哈瓦拉经纪人之间没有正式合同，如果有人不履行承诺，别人也无法诉诸法院，但此人将失去哈瓦拉经纪人的荣誉和地位。虽然交易数额数据很难获得，但许多人估计，哈瓦拉系统每年处理的支付金额高达数十亿美元。美国官员估计，仅通过哈瓦拉，每年就有大约50亿至70亿美元流入巴基斯坦。由于这是一种非正式支付渠道，而且没有支付记录，很难对非法资金进行追踪，因此，增加了洗钱和恐怖融资的风险，这一点为其引来了很多的批评。

　　代理银行业务和哈瓦拉业务都起源于跨境支付为国际贸易服务的时代。但世界已经前进了。在过去的几个世纪里，技术进步推动了国家支付系统的建立，监管促进了这种努力的发展，而最重要的是，需求为这种努力提供了动力。如今，技术不仅为我们提供了进行国际支付创新的能力，也为我们提供了丰富的需求。

　　因此，国际支付领域的竞赛如火如荼。竞争者大致分为三种类型。第一类是信用卡网络。值得赞扬的是，它们在为自动取款机、商店、酒店和餐厅，当然还有电子商务提供方便的实时支付方面做得很好，但不是免费的，它们使用不同于市场汇率的外汇汇率，因此产生了显性费用和隐性成本。从传统上来看，信用卡不便于人与人之间的支付，但该行业正在努力改变这一点。贝宝就是一个很好的例子，比如，它允许一位身在美国的持卡人使用自己的卡向一位身在印度的人进行支付。

第二类是汇款运营商，从传统角度来看，西联最大，它每年处理大约2.5亿笔跨境支付，平均每笔价值300美元。它通过在其服务的国家开设账户，使得转账在几分钟内便可完成。它只需在收到汇款方的钱后立即向收款方付款，然后等待通过传统银行系统进行结算即可。这些传统汇款运营商越来越多地面临来自新一代在线转账服务商的竞争（我们将很快进行介绍）。

第三类是那些旨在利用各地正在兴起的国内即时支付系统的机构（见第11章）。将这些即时支付系统联系起来，消费者（及其银行）便可以进行跨境支付。指令将从A国的即时支付系统跳转到B国的即时支付系统，在那里，客户可以像在国内转账一样收到资金。但实际过程可能并不像听上那么容易，它们还需要跨越一些障碍，比如货币兑换（有时还有货币管制）和制裁或反洗钱审查，而国内支付通常不受这些法规的约束。

可以认为，哈瓦拉网络及上述新晋竞争者这样的零散玩家与代理银行具有相同的功能。它们在一个国家收钱，在另一个国家付款，并在此过程中进行货币转换，只是它们处理的跨境支付数额要小得多，而由于金额较小，所以它们会把这些小额支付捆绑（或"净额清算"）在一起，然后通过代理银行支付系统进行大额转账。

传统代理银行家可能会对这些竞争者微微一笑，同时指出，为国际贸易和金融机构提供转移服务的都是大额支付，因此，它们还难以胜任。这些机构的平均支付金额约为500美元，而通过代理银行支付的平均金额接近50万美元。通过代理银行业务转移的总价值是通过信用卡转移价值的500多倍，远远超过通过一家银行转移的价值。

大额支付需要银行提供大量的流动性。我可以毫不费力地替我弟弟支付100美元，但如果他要我代他支付10万美元，我会告诉他"哪凉快哪待着去"。我在美国的账户里没有足够的流动性，尽管他是我的亲人，我也不会因为他需要这笔钱就立刻往账户里存这么多钱。此外，所有这些支付的银行间结算风险都高得令人无法接受，以至于最大的银行也无法提供作为单一结算银行所需要的流动性。

此外，还有一些规则需要考虑。跨境支付需要接受审查，以确定它们是否违反了制裁或反洗钱规定（我们将在第27章详细介绍）。虽然这些规定原则上适用于所有支付，包括小额支付和国内支付，但其注意力通常放在可能引发巨额罚款的较大跨境流动上。这种合规性确定需要复杂的系统和大量的人力，大型清算银行通常会有数千人来应对这个问题。

因此，银行有充分的理由继续使用代理系统，即使它已经有几百年的历史。没有其他选择可以提供其每天清算15000亿美元所需要的流动性，至少不可能在一个可接受的风险水平上提供。即便如此，人们仍然有理由问，为什么银行要花几天时间将资金从一个国家转移到另一个国家，或者为什么它们无法从头至尾追踪这些钱？

企业客户可能会说，资金跨境流动的缓慢速度对银行来说是有利可图的。如果年利率为3%，对于100万美元的支付来说，每延迟1天，银行将获得100美元的收益。如果将每天15000亿的美元总流量延迟1天，银行系统将获得1.5亿美元的收益，每年就是大约400亿美元。就像谚语所说的"火鸡不会为圣诞节投票"那样，银行很可能对保持系统缓慢运行和支付去向不明情有独钟。

也就是说，直到怀疑有人可能会抢它们的蛋糕时，银行才有可能考虑做出改变。看看塔维特·辛里库斯（Taavet Hinrikus）和克里斯托·卡尔曼（Kristo Käärmann）就明白了。

21世纪初，两个有进取心的爱沙尼亚人塔维特和克里斯托住在伦敦。塔维特曾为思盖普（Skype）工作，工资以欧元结算，但他需要用英镑来支付日常生活费用。克里斯托赚的是英镑，但需要用欧元来支付他在爱沙尼亚的抵押贷款。他们都对银行在爱沙尼亚和英国之间来回转账收取的高额费用感到失望。而且（就像我哥哥和我一样），他们很快意识到，他们可以通过将自己的需求与朋友和家人的需求集中在一起来避开银行。

于是，他们便行动起来。塔维特利用思盖普转移自己的欧元来支付克里斯托的抵押贷款，克里斯托将他的英镑转给塔维特支付他在伦敦的账单。于是，两项相互对立的跨境交易变成了两项本地交易。

这一基本理念成为智转账的基础。智转账是一家成功的跨境支付初创企业，2019年处理了大约4000万笔交易，每笔交易平均价值3000美元。与西联和其他汇款运营商一样，智转账在多个国家拥有银行账户，并将跨境交易转化为本地交易。不过，汇款运营商们通常只提供单向通道（美国到墨西哥、西班牙到菲律宾、阿联酋到印度），而智转账则专注于双向流动的国际通道（德国到英国或者瑞典到美国）。它还对交易规模进行了限制。[①]这两项措施确保了智转账只需通过代理银行发送少量的净额资金就可以平衡其账户，这使其能够收取大约0.6%的相对较低的费用，包括外汇费用。

智转账（与许多从事跨境转账的金融科技同行一样）没有做什么神奇的事情，然而，它2011年创立，2016年就达到了"独角

---

① 智转账允许客户转账的最大金额取决于货币：美元为100万，欧元是120万，但印度卢比仅为1万。

兽"①的水平，现在已经是人尽皆知的英国金融科技公司之一，目前市值高达数十亿美元。

面对来自智转账等非银行竞争对手日益增加的压力，银行终于采取行动，加快跨境支付，提高透明度。2017年，全球支付创新项目（GPI）诞生，标志着跨境支付领域自环球银行金融电信协会成立近50年来最重大的进步。

全球支付创新项目是全球的交易银行和环球银行金融电信协会合作的产物，既有约定，又有技术。它解决了代理银行业务的一个主要潜在问题：无法将一笔付款——比如从你到我——视为一笔交易，因为在支付过程中，每条消息（或阶段）都与其他消息（或阶段）互不相连。实际上，这意味着不清楚该笔付款已经到了哪里，付款走得快还是慢，以及付款的成本和收费如何。这也意味着，如果像倒霉的孟加拉国银行一样，你意识到自己是一场欺诈的受害者，你无法阻止付款，因为你无法知道它在这个传送链中的位置。

有了全球支付创新项目，支付路线现在是端到端可见，相关银行必须承诺在收到钱后立即发送，这大大加快了汇款速度。由于付款是可追踪的，全球支付创新项目允许汇款人和收款人知道

---

① 独角兽这个词指的是价值超过10亿美元的私营初创企业。这个词是风险资本家李爱玲（Aileen Lee）2013年首创的。她选择了这种神秘的动物来代表这种成功企业的罕见性。

钱在哪里，以及钱是否已经到达。虽然银行现在必须更快地发现欺诈行为，但如果不能及时发现，它们至少也可以立即停止支付。

也许正是由于受到了多种干扰的威胁，数千家代理银行现在开始接受全球支付创新项目。虽然不是全部，但现在绝大多数代理银行进行的支付是可以追踪的，所有支付都应该在24小时内进行端到端的处理，其中一半在30分钟内完成。如果你的银行对你的付款没有这样做，你可以问问它为什么。

你可能会问，这会不会是最好的结果？不是。就像与支付相关的其他事情一样，我们可以期望，跨境支付也不得不做出进一步的改变。银行热衷于保留这项业务，而大型金融科技企业和大型科技企业①也都渴望赢得这项业务。与此同时，监管机构和立法者也紧随其后。

事实上，跨境支付"问题"是所有政府似乎都热衷于解决的少数几个问题之一。回顾过去几个世纪推动国家支付系统发展的三个因素——技术、需求、监管环境，我们显然既有技术，也有需求，但却没有相应的监管环境。但现在**的确**有了进步的迹象。每年，全球经济规模最大、增长最快的十九个国家的国家元首，加上欧盟——所谓的二十国集团（G20）——齐聚一堂，讨论当

---

① 美国信息技术行业的主导公司有：亚马逊、苹果、谷歌、脸书和微软。

今最重要的金融和经济问题。就2020年G20峰会的议程达成一致绝非易事，但所有参与者都赞同对跨境支付进行改进。G20表示："更快、更便宜、更透明、更包容的跨境支付服务，包括汇款，将为全球公民和经济体带来广泛利益，支持经济增长、国际贸易、全球发展和金融普惠。"

在这样一个碎片化的地缘政治格局和严峻的经济环境中，政府和私营部门将以多快的速度兑现它们的承诺，还有待观察。但毫无疑问，其发展趋势是让跨境支付变得更便宜、更快捷，对每个人都更透明，尤其是对较小的用户。或许有一天，你会像发送电子邮件或聊天信息那样，在任何时间、任何地点，以光速而且几乎是免费地进行汇款。

然而，在实现这个目标之前，我们还不得不继续使用现有的设施。以14世纪的一项发明——信用证——为例，28000亿美元的资金通过它被输送出去。超过10％的跨境贸易依赖于这种神秘的支付工具，但它是一种复杂的野兽，很少有支付专家能理解这一点。让我们来做一个简短的解释。

想象一下，你是一名威尼斯商人，即将从中国运来一批丝绸。你在佛兰德斯有一个潜在买家，但你不认识他，也不信任他，但你必须在他付款之前装运这批货物。事实上，在他把丝绸做成衣服并卖掉之前，他可能无法付款。你如何确保自己能得到货款呢？

信用证通过把两家银行——你的和买方的委托银行——关联

在一起来解决这个问题。信用证是佛兰德斯买方银行的担保，实际上是在说："如果你向我出示你装运丝绸的证据，我会向你方的银行付款。然后我将从买主那里把钱收回，但我可能会给他们几个月的时间，这样他们就可以将丝绸加工成衣服并出售了。"如果商家无法（或不愿）付款，只要你提供了单据和装运证明，他的银行仍需向你方的银行付款。

在1961年"猪湾事件"①惨败之后，信用证发挥了出人意料的重要作用，当时入侵古巴的失败导致1000多名中央情报局资助的古巴流亡分子被俘。菲德尔·卡斯特罗最终同意释放他们，以换取价值5300万美元的食物和药品。但他坚持必须保证在释放囚犯之前拿到这些东西。

亨利·哈菲尔德（Henry Harfield）是美国研究支付工具的权威，美国政府将其征召过去寻找解决问题的方法，最终他决定对信用证进行精心而巧妙的改编。这些囚犯一旦"发货"，古巴国家银行（The Banco Nacional de Cuba）将从一家银行获得5300万美元的信贷来购买这些物资。由于美国对古巴实行禁运，没有一家美国银行可以执行这项信贷，而加拿大皇家银行（Royal Bank of Canada，RBC）愿意提供担保。美国红十字会则将扮演"买家"的角色。每次发货时，加拿大皇家银行就会将美国红十字会

① 1961年4月17日，美国中央情报局指挥一批逃亡美国的古巴人登陆古巴，向卡斯特罗领导的革命政府发动入侵，以失败告终。——译者注

运送物资价值的相应信贷额度减去。

如果美国红十字会未能运送货物（即未能支付囚犯的赎金），古巴就可以提取这笔信贷，加拿大皇家银行则会让美国红十字会赔付这笔钱。当然，加拿大皇家银行不希望陷入这样一种情况，即它将不得不取消美国红十字会的抵押品赎回权。因此，摩根大通和美国银行为其提供了幕后担保，各担保2650万美元。哈菲尔德的计划成功了。囚犯获释，古巴没有从美国那里拿到现金。卡斯特罗收到了这些物资，而哈菲尔德收到了白宫的一封署名感谢信。

英国税务海关总署（Her Majesty's Revenue & Customs）和世界银行等权威机构警告不要使用信用证，因为信用证令人困惑、限制性强，会带来"昂贵的延误、官僚作风和意外成本"①，但银行每天仍在处理约15000份信用证，平均每笔信用证价值67万美元。

哈菲尔德既是一名律师，又是一名银行家，他从信用证的复杂性和官僚作风中获益颇多，毫无疑问，他会为信用证的存在感到高兴。但即便是他，后来也发出了警告，因为他观察到相关

---

① "虽然信用证可能很有用，但通常最好避免在交易中使用信用证。它们有时会导致昂贵的延误、官僚主义和意外成本。一般来说，如果你的供应商坚持这样做，或者国家外汇管制局要求这样做，作为进口商，你也许只能考虑开立信用证。"（英国税务海关总署，2012年8月）

诉讼"通常是在出现不利或异常商业情况之后"突然发生的。他的观察颇有先见之明。新冠肺炎疫情发生几个月后，信用证诉讼的苗头就已经出现。2020年4月，亚洲最大的石油贸易商之一兴隆集团（Hin Leong）倒闭，原因便是银行拒绝再给它签发信用证，该公司欠了20多家银行30多亿美元。

无论兴隆集团的银行最终必须冲销的损失有多大，其中很大一部分可能与它们之前提供给它的信用证有关。对这些银行来说，幸运的是，这些信用证得到了可靠公约的支持，而这些公约植根于大多数国家的法律体系中，并受国际商会（International Chamber of Commerce，ICC）制定的规则管辖。当然，还有一大群律师随时准备为它们提供建议。

但是——总是有一个"但是"，反对者认为：信用证涉及大量烦琐、**真实**的文书工作，需要签字、保管、提交才能够进行支付。此外，与金钱不同的是，信用证实际上**必须**流动，不过这一点可能会有所改变。的确，有更多的证据表明信用证仍然具有生命力，因为几十家金融科技公司正在疯狂地试图将其拖入数字时代，以获取声望和财富。

第六部分

科技革命

杰克·多尔西（Jack Dorsey）创立了推特，规定每条推文不得超过140个字符。这个社交平台给世界带来了革命性的变化。作为推特的首席执行官和联合创始人，杰克经常因为屏蔽推文和暂停账户而出现在新闻报道中。然而，鲜为人知的是，他还是支付公司斯夸里（Square）的联合创始人兼首席执行官，在支付行业也扮演着同样具有革命性的角色。

多尔西与斯夸里联合创始人吉姆·麦克尔维（Jim McKelvey）一起推出了斯夸里"加密狗"——一种小型硬件，通过它可以将任何移动设备变成信用卡终端。斯夸里的独到之处在于，它是通过对3.5毫米耳机插孔的功能进行重新开发获得的这个功能，当时，这是唯一一种将数据输入和输出移动设备的标准化路径。加密狗从信用卡上的磁条中读取数据，并通过音频插孔将其传输到移动设备上的应用程序。斯夸里公司有效地将我们手机上一个微不足道且基本上被忽视的插孔变成了一个具有数十亿美元前景的接口,把市场交易商和出租车司机等小商家带入了电子支付时代。斯夸里公司目前的估值接近1000亿美元。

斯夸里公司是金融科技领域的一个典型例子。虽然技术在金融业中的应用可以追溯到金融业诞生的那一天,但"金融科技"一词直到2008年左右才出现。其中的因果关系还有待讨论,但可以明确的是,金融与科技的融合所带来的兴奋与公众对金融业产生的愤怒是相伴而生的。金融科技这个词诞生于金融危机最严重的时候,但在2013年左右才真正唤起了公众的意识,大量投资者开始快速涌入这个行业。2013年也是比特币被公众广泛接受的一年,其价格从1月的10美元上升到年底的1000美元,这绝非巧合。

除了伴随着金融科技的诞生而出现的有利政治环境和大肆宣传,这些公司拥有如此灿烂的前景还有一些深层次的真正原因。

首先,金融科技不受既有基础设施的阻碍。因此,可以向客户提供银行现在没有(之前也没有)提供的创新、透明和廉价的金融服务。此外,金融科技不受本地分支机构或海外网络以及其他事物的束缚,其数字平台能够适应不同的语言和不同的地域需求,从而能够迅速进行扩张。

另一个重要原因是监管。不管现行立法是否对银行形成了约束,这些法律的出台大部分都应归咎于银行自己。对银行形成严格约束和监管的法规旨在解决三个截然不同、有时甚至相互矛盾的问题：客户保护、确保银行不倒闭和打击金融犯罪。此外，还有许多竞争规则和数倍于此的司法管辖。与之相比，金融科技能够拆分部分银行业务，并从事其中的部分（但不一定是全部）业务，比如，在不接受存款的情况下提供支付服务。所有这些都使它们能够在更少的监管负担下运营。

金融科技公司也能吸引人才。这类公司具有新闻价值且敏捷灵活，不受银行繁文缛节和官僚作风的束缚。其员工都是年轻的、穿着运动鞋的数字原住民，而银行家们则是一群中年官僚，衣着得体，至少有一只脚踏在过去——当然，两只脚都穿着拷花皮鞋。政治领袖们一直热衷于征税与合影，渴望看到自家后院里再出现一个贝宝。他们竭尽全力吸引金融科技公司，并且为监管机构降低对金融科技的监管标准而感到高兴。[①]与此同时，监管机构还热衷于鼓励竞争，希望新的支付提供商能在价格和服务上向银行发起挑战，进入银行服务不充分的市场，比如为无银行账户者提供服务等。

到目前为止，金融科技革命基本上实现了既定的目标，在金融服务领域掀起了一股创新浪潮，弥补一些普遍存在的不足。这

---

① 比如让他们使用监管沙盒（Regulatory Sandbox）——一个允许金融科技初创企业和其他创新者在监管机构监督下，在受控环境中进行现场实验的框架。

些创新为消费者提供了更多选择、更有针对性的服务和更优惠的价格。小企业能够获得新形式的信贷。银行的生产效率变得越来越高,交易成本越来越低,金融体系本身也越来越有弹性,包括更大的多样性、冗余性和深度。从根本上说,金融服务正在变得更加包容。人们的联系更加紧密,信息更加灵通,自主权也越来越大。

毋庸置疑,金融科技背后聚集了大量风险资本,而其中很大一部分投资是基于这样一种信念:颠覆整个银行业尤其是支付行业的时机已经成熟。与音乐、零售、旅游和汽车行业发生的事情类似,这些狂热的投资者认为,银行正在面临"柯达时刻"①。在过去几年中,对金融科技的投资每年大约300亿至400亿美元。

金融业中几乎没有哪一部分没有受到金融科技的关注(如果有的话,也很少),但毫无疑问,支付受到的关注最多。在全球范围内,支付收入在过去10年中以每年6%的速度增长,预计这一增速至少会持续5年时间。更重要的是,这是其金融服务增长速度的2倍。支付还是一个技术日益密集的领域,在该领域,规

---

① 在数码相机出现之前,柯达是照相胶片的主要生产商,其产品畅销全球,以至于该公司的口号"柯达时刻"成了通用词汇,用来描述需要为子孙后代记录的事件。柯达在20世纪90年代末开始陷入财务困境,一是因为照相胶片销量下降,二是因为未能及时将业务转向数字摄影。

模经济可以带来巨大的回报。大多数银行在这方面都力有不逮，技术不是它们的强项，除了少数几家银行，其他所有银行的规模都相对较小，行业整体上很分散。在全球范围内，即使最大的银行，其市场份额也是可怜的个位数。该行业被技术公司所主导，看一看数据库领域的甲骨文公司，云计算领域的亚马逊，以及手机领域的苹果、三星和华为就知道了。

我们对大银行的看法听起来可能令人惊讶，但数据不会说谎。按绝大多数标准来衡量，花旗银行和摩根大通都应该位于最大银行之列，但摩根大通在美国的零售业务和商业银行业务中的市场份额约为5％，而花旗银行则更低。这两个庞然大物只拥有3亿客户，相比之下，谷歌和脸书分别占美国在线广告市场的40％和20％的份额，在全球拥有数十亿用户。

考虑到现有银行的相对劣势，你可能会想，为什么金融科技公司还没有使其关门歇业呢？当然，一切才刚刚开始。但那些试图与银行直接竞争的金融科技公司——所谓的"挑战者"或"新银行"——则认为这一刻马上就会到来。

在大多数情况下，这种类型的金融科技公司提供基于银行卡的全额支付账户。它们的服务听起来与预付卡非常相似（见第7章），但它们通常针对现有的银行（或可赢利的）客户，提供更酷、更便宜的实体银行替代服务。它们没有分支机构，无需纸质文件，仅需手机、银行卡和应用程序。它们的服务包括支出概览、以竞争性汇率转换货币以及投资和贷款。你可能已经在英国遇到过蒙佐（Monzo）、八哥（Starling）、Revolut，或者在德国遇到过N26。

新兴银行以提供低利率、收取低费用而闻名：蒙佐每年仅向每位客户收取大约7美元的费用，而revolut也只收取10美元。它们的成本极低，但也太低了。因此，在新冠肺炎疫情暴发的几个月内，它们都感到手头拮据。2020年5月，蒙佐被迫筹集7000万至8000万英镑，以度过这段困难时期，但在筹集资金的过程中，其估值下降了近40%。尽管revolut和N26在这场疫情开始之初现金充裕，但随着交易量的暴跌，它们很快就不得不削减员工的工资来抵御这场风暴。

还有其他一些新兴银行，包括莫文（Moven）、盛宝（Saxo）和梆（Bunq），它们都没有以显著的估值登上头条。在我们撰写本文时，英国首都银行（MetroBank）的估值仅为2.4亿英镑。Simple（意为"简单"）是一家纯粹的在线银行，2014年被西班牙毕尔巴鄂比斯开银行（Banco Bilbao Vizcaya Argentaria，BBVA，这个名字可一点都不简单）以1.17亿美元的高价收购，但自那以后，该行不得不把它彻底废掉。

相较于年轻的觊觎者，实体银行可能显得古板，但它们仍然拥有最好的客户群——年龄较大的客户，他们往往储蓄更多，且不太可能更换自己一直使用的银行。相比之下，大多数摇摆客户往往对价格敏感且更年轻，但他们不是银行最赚钱的客户。总的来说，虽然客户的流动性在增加，但"人们换配偶的频率比换银行的频率更高"这句话仍然是真的。

虽然这些新兴银行可能并不像投资者希望的那样成功，但它们也让消费者获益很多。其估值可能不像那些为银行服务而非挑战银行的金融科技公司的估值那样令人兴奋，但它们给银行带来的冲击也让每个人得到了实惠。如果你的银行现在为你提供了一个功能良好的移动应用程序，更多的消费细节，支持非接触、移动支付的卡或者远程使用大多数产品和服务的选择，那么，你真的应该向这些新兴银行表示感谢。

第19章
刷卡套现：收单机构的崛起

新兴银行可能不会让传统银行夜不能寐，但金融科技领域还有其他明星企业，其投资者得到了丰厚的回报，获得了惊人的估值。我们在第8章中已经看到维萨现在的价值比大多数银行都要高，但如果说哪个企业在20世纪就已经完全可以称得上是金融科技企业了，那只能是贝宝。如今，其价值接近2750亿美元，自2015年与易贝分拆以来，已经上涨超过5倍。

你可能已经意识到，贝宝、维萨和万事达从事的都是信用卡支付业务。这不是巧合。正如我们将看到的那样，除了强大的中国双子星——支付宝和微信，绝大多数支付金融科技巨头都在从事信用卡业务。

表19-1展示了2021年最有价值的支付公司。它们都不是银行的挑战者，它们全都在为现有银行提供服务，其中绝大多数支

付公司专门为商家提供信用卡支付服务。每一家支付公司的价值都超过500亿美元——几乎超过任何一家欧洲银行的价值。这些公司的利润由商家为接受信用卡付款能力买单的意愿所决定。

表19-1　市值最高的支付公司

支付公司	市值（亿美元）
维萨（美国）	5110
万事达（美国）	3560
贝宝（美国）	2740
斯夸里（美国）	980
美国运通（美国）	970
富达国民信息服务公司（FIS，美国）	880
费哲（美国）	760
环汇（美国）	640
阿戴恩（Adyen，荷兰）	580

注：数据为2021年1月1日市场价值；表中仅包括上市公司。

其中有几家公司正在积极开展商家收单业务——与我们在第8章中谈到的收单机构的业务一样，但现在发生了一些变化。当时的收单机构是银行，部分是因为简便，部分是因为过去一直都是这样。从那时起，数字化带来了新的销售方式，出现了新一代专门的非银行收单机构，以及一种全新的支付"促进者"或"聚合者"，在两者的推动下，信用卡已经深深触及数字的未来。[①]

当收单机构为商家处理付款时，它们会从商家那里获得一定比例的"商家折扣"，通常为1％到3％。这包括转给持卡人银行的交换费和信用卡公司的费用。它们最终的收入在0.25％到1.5％之间。

作为回报，收单机构为商家提供两项关键服务。首先，它们能够让商家使用多种支付工具（各种类型和品牌的卡、移动钱包、转账，对商家来说，越多越好）。其次，它们可以帮助侦测和预防欺诈及退单，或者至少可以减少这些情况的发生。这项服务包括检测使用被盗信用卡进行的交易，识别客户蓄意否认购买了商品、声称已经取消了订购及收到了损坏的商品等情况。收单机构将风险管理植入它们的系统，运行复杂的算法，实时发现可疑交易，并将损失降至最低。

从事这一行业的公司包括那些你可能从未听说过的公司——前面提到的斯夸里、斯戴普（我们在第3章中谈到过）、阿戴恩和印度移动支付Paytm（这四家公司的价值都超过100亿美元）以及更熟悉的名字，比如卡拉纳（Klarna）和贝宝。

收单显然是一项很好的业务。它的商业模式很清晰：收单机构从使用其服务的商家那里获得利润。高交易量的在线收单机构

---

① 一些促进者和聚合者本身就是收单机构，另一些则依靠官方收单机构连接到维萨和万事达的网络。在实践中，它们都与商家签约，处理商家的付款。

每笔交易收取0.2％的费用，而服务较小商家（如出租车司机）的机构每笔收取5％。①

毋庸置疑，这些新型收单机构都是建立在信用卡网络传统基础设施和发卡机构客户基础之上的，但经过它们巧妙的调整，我们的支付方式和收款方式发生了革命性的变化。这项业务不仅对**它们**有利，而且也使得众多商家能够以迄今无法想象的轻松程度"开店"。有时候，最好的想法其实是最简单的。

我们已经在第7章中看到了贝宝如何以前所未有的方式进入信用卡领域，为新兴的易贝小商家群体提供了一种便捷的收款方式。贝宝通过有效地扮演商人的角色实现这一点。贝宝与传统的收单机构合作，接受买家的信用卡。一旦买家收到商品，就会将资金存入易贝卖家的贝宝账户，而卖家最终将从实际收单机构那里拿到货款。

再来看看斯戴普。斯戴普之于网络购物世界，就如杰克·多尔西的斯夸里之于实体世界。斯戴普是两兄弟帕特里克·克里森（Patrick Collison）和约翰·克里森（John Collison）创办的，他们来自爱尔兰蒂珀雷里郡的一个村庄，那里除了哞哞叫的奶牛，什么都没有。但这兄弟俩却没有那么普通：在获得爱尔兰合法饮酒权（18岁）之前，他们就已经荣获了爱尔兰年度青年科学家奖，并进入了

---

① 阿戴恩的收入由其业务处理量决定。这些费用高于交换费，因此商家的折扣会高很多。

麻省理工学院和哈佛大学。还未满21岁时，两人就以500万美元的价格卖掉了自己的第一家初创企业，将自己变成了百万富翁大学生。

斯戴普成立于2010年，基于的理念是"支付是一个根植于代码而非财务的问题"。因此，斯戴普的基础不是一个硬件，而是一个简单的应用程序接口调用（见第11章）——仅七行代码，任何开发人员都可以将其放到自己的代码中。此应用程序接口调用要求提供金额、货币、支付方式（包括姓名、卡号、有效期等详细信息）和发送收据的电子邮件地址。然后，该调用会回复说明付款是否已经获得批准，并启动处理和付款程序。这是一个面向零售电商的全方位支付解决方案，将支付网关与支付处理相结合，使其成为处理电子商务的便捷方式（不一定是最便宜的）。和斯夸里一样，斯戴普已经扩展到其他服务领域，比如为小型企业提供融资和工资发放服务等。

贝宝、斯夸里和斯戴普等平台的功能存在着一个很小但很重要的差别，那就是以"主商家"的身份进行交易。这使得新商家可以很容易进行注册，平台也可以触及信用卡从未触及过的经济领域。这显然也是一笔好生意。然而，充当"主商家"意味着这些平台通常需要与处理退单及其背后事务的传统收单机构进行合作。为了降低支付成本，传统收单机构将给这些主商家一个选择，要么排除产生高额退款的客户，要么面临更高的处理费。斯戴普和斯夸里选择了前者，因此，它们在选择业务类型时必须慎重。例如，斯戴普就拒绝从事如下业务：非法的（如盗版音乐）、受监管的（如酒精、在线药店）、"可疑的"（如多层次营销）或者有财务风险的（音乐会预售和机票），也不接受可能与洗钱和欺诈有关或者会损害其品牌的产品（如成人用品）。斯夸里似乎接受酒精和性产业方面的业务，但拒绝为色情行业提供服务。它禁止任何非法活动。

这样的选择——尤其是在与市场力量相结合时——引发了一些关于金融包容、审查制度和公民自由等方面的有趣问题，但这些公司本身似乎并没有因此受到伤害。斯夸里于2015年以30亿美元的价格上市，目前市值约为1000亿美元。斯戴普仍为私人持有，但在2020年4月的一轮融资中，该公司的估值为360亿美元，同年11月，该公司以700亿至1000亿美元的估值寻求融资——这是爱尔兰最大银行集团市值的10倍多——这一数字使帕特里克和约翰成为迄今为止最年轻的白手起家的亿万富翁。[①]

还有一种新的收单人，他们做着传统收单机构过去做的事情，但做得更好。金融科技巨头皮耶特·冯·德·多斯（Pieter van der Does）和阿姆特·舒业夫（Arnout Schuijff）就是一个很好的例子。他们的最新成果是阿戴恩（Adyen），这个名字取自苏里南克里奥尔语，意为"再次"。阿戴恩的故事始于2004年，当时这对荷兰搭

---

① 在我们撰写本文时，爱尔兰最大的银行集团爱尔兰联合银行被估值55亿美元。

档将他们的第一家初创企业Bibit（在爪哇语中是"树苗"的意思）卖给了苏格兰皇家银行以前负责处理商家收单业务的WorldPay。[①]

Bibit专注于在线商家收单业务，WorldPay希望将其添加到自己的投资组合中。然而，收购后不久，WorldPay就停止了此项业务，而到2006年时，阿戴恩已经开始运营。皮耶特和阿姆特想"再"做一个Bibit，利用后发优势，从一开始就把技术做好。它就像一个符咒。受到这家全球平台提出的跨不同国家、通过不同渠道进行统一商务主张的吸引，脸书、优步、易贝和奈飞等知名网商很快便与其签约。2018年，阿戴恩以80亿美元的估值上市。在上市的第一天，其市值飙升至150亿美元，超过WorldPay的总市值——WorldPay在一年前以100亿美元的价格售出。在我们撰写本文时，阿戴恩的市值已达到600亿美元。

不过，要小心，不要以为收单总是会带来金融科技黄金。臭名昭著的线上付公司也参与了收单业务。线上付自诩"超越支付"，在金融科技公司掩盖严重财务不当行为方面，可以说是一个引人注目的例子。在我们开始撰写这本书的时候，线上付的价值也超过了100亿美元，当时它还不是整个德国的耻辱，而是德国金融科技界的骄子。

该公司成立于1999年，当时正是所谓的互联网繁荣时代，后

---

① 因为印度尼西亚和苏里南都是荷兰的前殖民地，所以他们为公司命名时分别使用了这两种语言。

于2004年上市。2015年它开始迅速崛起，成为德国伟大的科技希望和一只表现优异的股票。线上付的显著增长使其从德国扩展到欧洲、美国、中东和亚洲。到2018年，它成为在法兰克福证券交易所上市的最有价值的30家德国公司之一，已经超过了德国最大的银行德意志银行。

用线上付自己的话说，它是"数字金融技术的全球创新领导者"，它与卡塔尔航空、荷兰皇家航空和伦敦交通局等家喻户晓的公司合作，处理借记卡和信用卡支付。然而，该公司似乎对处理色情和赌博网站的支付钟爱有加，而这些客户通常是绝大多数金融科技收单机构极力回避的，这些交易可以在后者的客户网站上看到，但在其官方资料中却鲜有提及。

如果说这还没有为它敲响警钟，那么当针对线上付财务报告的真实性及其实际业务规模的质疑开始出现时，这一次的警报声应该足够大了。英国《金融时报》记者丹·麦克鲁姆（Dan McCrum）自2014年收到有关该公司账目造假的举报之后一直在对该公司进行调查。但只是在他本人及同事对该公司的财务数字和业务有了更深入的了解之后，他的调查范围才开始进一步地扩大。

线上付公司对此做出了激烈的否认和反驳，并对质疑者，尤其是《金融时报》发起了法律诉讼。

不同寻常的是，线上付设法让德国监管机构一直站在它这一边，直到最后一分钟。德国联邦金融监管局（BaFin）甚至禁止投资者做空线上付的股票长达两个月时间，并对报道质疑的记者提起了刑事诉讼。

尽管线上付指责《金融时报》进行虚假报道并试图通过诋毁该公司来操纵市场，但此事并没有阻止该报对其展开坚持不懈的调查，调查从2019年一直持续到2020年。但直到2020年6月，随着一系列骇人听闻的报道——伦敦的做空者受到骚扰、一名利比亚前情报部门负责人策划了针对关键投资者的监视行动和该公司首席运营官逃往马尼拉——的出现，情况才开始变化。线上付的审计公司安永（EY）最终承认，无法确认两家亚洲银行中是否存在19亿欧元的信托资产——为该公司资产负债表的四分之一。后来的发现证明，这些账户存在的文件是伪造的。

最终，德国对线上付的指控导致其股价暴跌。长期担任线上付首席执行官的马库斯·布劳恩（Marcus Braun）辞职，几天后因涉嫌财务造假和操纵市场而被捕。美国前财政部金融犯罪执法网络（US Department of the Treasury's Financial Crimes Enforcement Network，FinCEN）主管吉姆·弗赖斯（Jim Freis）被匆忙由首席合规官提升为临时首席执行官，不到一周时间，该公司便申请破产。德国金融科技界的骄子变成了"欧洲的安然"[1]，同时留下了许多悬而未决的疑问，如犯罪活动是如何在监管机构或投资者不注意的情况下达到了如此之大的规模。

---

① 安然公司，原本是北美最大的综合性天然气和电力公司。2001年因持续多年的财务造假丑闻破产。此后它成为公司欺诈及堕落的象征。——编者注

第20章
先生活，后付费：
隐形的诱惑

"哎呀！凡是付款全部令人心烦！"拜伦勋爵的《唐璜》中的叙述者这样哀叹。与拜伦所处的时代相比，现在的支付应该已经方便了很多，但依然无人能够从根本上减轻支付带来的痛苦。这并不是说，支付行业没有花费大量的时间和精力设法减少这种痛苦。它的确在这样做，而且有充分的理由：我们喜欢轻松购物，商人们喜欢多多卖货。我们的钱花得越容易，商人们的生意就做得越好。

到目前为止，我们还没有研究支付背后的心理，但这是许多人非常关注的一个领域。那些提供或者希望提供支付服务的公司都想让自己的产品更加成功，而学者们则想搞清楚我们不断变化的支付习惯对社会和经济究竟会产生什么影响。

谷歌支付专家戴安娜·雷菲尔德属于第一类公司中的成员。

她观察到"人们不想进行支付，他们想让支付变得更加方便"，这使谷歌和其他公司努力对其支付产品进行改造，从而让支付不再那么痛苦。

最典型的例子就是优步，一款出行应用程序，它可以让人们的付款行为完全隐形：下车即支付。这之所以成为可能，是因为优步存储了客户的账单和支付信息。目前人们正在努力将这一技术应用到许多其他行业，如酒吧和餐厅。人们再也不需要呼唤服务员，也无须在交出银行卡之前等待甚至看一眼账单。正如在新的亚马逊Go商店里发生的那样，仅仅是走出（或爬出）商店就会触发支付。随着物联网的兴起，我们可以期待围绕着这种"嵌入"支付方式会有更多的创新出现。

所有这些听起来都很棒。正如我们在贝宝、斯戴普和斯夸里身上看到的那样，让个人支付更加便捷能够创造商业机会，推动商业——我们社会的引擎——发展。然而，让支付变得顺畅、轻松、平滑的做法——不管你给它贴什么标签——**只是**一种带来益处的力量吗？

来自学术方面——行为经济学家、心理学家和人类学家——的评论褒贬不一，尽管这些人中有很多是支付提供商雇用的。超支和欺诈是他们最担心的两个问题。虽然暂时消除支付带来的痛苦有助于推动现代经济的发展，但这种做法确实存在黑暗的一面。电影《琼斯一家》（*The Joneses*）就生动地展示了这一点，市场营销人员通过假扮一个城郊家庭来吸引邻居肆意消费。令人恐惧的是，这种方法竟然屡试不爽。

无论我们何时进行支付，除非是把钱存入我们自己的储蓄账户或者养老金账户，否则我们多多少少都会感觉不那么舒服。当我们使用现金进行支付时，情况更是如此。现金支付的冲击是即时的。相比之下，非现金支付带给我们的冲击会小一些。这就是为什么负债累累的人经常会被建议改用现金进行支付。事实上，有充分的证据表明，与使用现金相比，人们在使用其他支付工具时，可能会支出得更多。其他工具，即使是实体的，比如货币临时凭证（scripmoney），也能产生这种效应。①

地中海俱乐部（ClubMed）过去曾为客人提供使用串珠作为便携的替代货币选择。虽然佩戴珠子显然比携带现金去海滩和游泳池更为实用，但客人们使用起珠子也比使用购买珠子的现金更加随意。

当然，"无摩擦支付"（frictionless payments）的巨大增长加剧了关于现代支付方式是否会让支出变得过于容易的争论。无摩擦支付是我们甚至没有经历过的，它让我们进一步远离支付的实际行为和我们正在支出的意识。

1999年，亚马逊获得了一键购物的专利，而该专利实施的基

---

① "代币"（scrip）是指替代法定货币的任何类型的替代货币。当传统货币或法定货币不可用或供应不足时，代币也被广泛用于当地的商业活动中。

础是将客户的付款、账单和运输信息进行存档。虽然事后看来，这一想法似乎平淡无奇，但该专利足以让亚马逊对美国书商巴诺书店（Barnes & Noble）发起诉讼。苹果则采取了更为谨慎的做法，早在2022年巴诺书店解决诉讼之前，就已经于2000年为其iTunes商店购买了许可证。对于移动商务而言，或许幸运的是，亚马逊的专利于2017年到期。

这种消费者友好型模式绝对是一个不平凡的成就，与实体店购物相比更是如此。不需要去商店，也不需要拿出钱包，在购买冲动和完成购买之间，你所要做的仅是快速搜索并做几次点击。在手机上购物尤为方便，因为手机屏幕太小，不易打字，在结账时就无须重新输入详细信息。然而，它确实会导致超支（亚马逊还没有找到解决这个问题的办法，考虑到不这样做的好处，也许永远也不可能找到）。

亚马逊并不是第一个存档信用卡数据以促进重复销售的公司。例如，多年来，杂志一直在以"隐形"的方式更新订阅——你可以称之为零点击（0-click）更新。但当亚马逊开始向其他零售商提供存储有客户信息的平台时，它确实开辟了一条新的道路。亚马逊及其合作伙伴都发现，一键购物降低了购物车被抛弃的风险，且提高了购买转化率。

从负面视角来看，一键购物很容易让消费者被欺诈，因为在支付时，消费者不会被要求提供任何额外信息，比如信用卡安全码。然而，通过使用算法，亚马逊在犯罪侦测方面已经做得非常出色。其所具有的反欺诈能力让这家电子商务巨头又往前迈进了一步，在像戴森（Dyson）和伦敦自由付（Liberty London）这样的电子商店商务里使用亚马逊支付（Amazon Pay），可以享受到"即付即用"服务。

让支付变得（太）容易的不仅仅是亚马逊和优步。你有没有注意到，几乎所有的电子商务网站现在是如何记住你丢在购物车里的东西，以及如何主动储存你的信用卡详细信息，从而让下一次支付变得更加容易？游戏通过"应用内"购买提供了更加顺滑的体验。一位名叫道格·克罗森（Doug Crossan）的父亲发现自己13岁的儿子卡梅伦（Cameron）在信用卡上累积了3700英镑的债务，他感到十分"恐惧"。这张信用卡与他儿子过去常玩游戏的苹果平板电脑（iPad）上的一个iTunes账户相关联。卡梅伦在《植物大战僵尸》《饥饿的鲨鱼》《枪支制造商》和《近地联盟先遣队》等游戏中总共进行了300多次应用内购买。卡梅伦声称，这些游戏可以免费下载和使用，所以他认为他购买东西也是免费的。同样的，5岁的丹尼·基奇（Danny Kitchen）在iPad游戏《忍者对僵尸》中花了1700英镑购买虚拟武器和弹药。

卡梅伦和丹尼都是小孩子，人们会自然地认为，他们很容易受到伤害。然而，没有特别经济知识的成年人也同样可能上当受骗。我们现在一方面可以轻松消费，另一方面又缺乏金融素养，所以问题愈加凸显。标准普尔的全球金融素养调查显示，全世界只有33％的成年人被认定为具有金融素养。就平均得分而言，欧洲更高，为52％，但各地之间差异巨大。丹麦、瑞典和荷兰等国在全球（部分）排行榜上名列前茅，而葡萄牙和罗马尼亚则接近垫底。在英国（位于欧洲排行榜的中间），据"金钱咨询服务处"（Money Advice Service）估计，近50％的成年人的计算能力与11岁儿童相当。

大量研究表明，金钱的不同表征会影响消费者行为。不出所料，随着新技术的到来，许多人的消费模式发生了重大变化。现在，数百万人在收银台上挥动卡片进行非接触式支付，他们已经不再逐行核对收据，甚至也不核对被收取的金额，当然更不会验证其背后隐含的数学原理。这会导致欺诈，当然，也会影响消费者监控支出或控制预算的能力。

麻省理工学院研究金钱心理学的教授德拉赞·普雷莱克（Drazen Prelec）表示，将购买的乐趣与支付的痛苦分开会使人们消费得更多。普雷莱克做了一个实验来检测他的观点。他的研究团队组织了一场无声的拍卖会，拍卖已售罄的波士顿凯尔特人篮球赛的门票。一半的竞拍者被告知只能使用现金进行支付，另一半则只能使用信用卡进行支付。平均而言，信用卡买家的出价是现金买家的2倍多，这表明在信用卡上花1美元的心理成本只有50美分。

如今，商店的门上和收银台上依然印有信用卡网络标识或者不同的支付方式，如果你曾对此感到困惑，现在你应该明白了。这涉及的不只是品牌推广或者客户信息，还有它们的意图。大量研究表明，仅仅一个信用卡标识就足以让主要的消费者考虑这种产品的好处，从而更倾向于使用它进行支付；而现金则更可能让你考虑到成本。下次在汽车展厅里，当销售人员问你是否想刷卡时，你就知道这不是一个愚蠢的问题，而是在诱使你买车。

因为我们愿意使用信用卡进行更多的消费，所以商家也愿意支付刷卡产生的费用。问题是，信用卡债务也会因此更快地增加，这对持卡人来说代价是高昂的。利息被加到余额中，从而导致恶性循环，让人们负债累累。针对信用卡消费和借贷风险已经有大量的研究，同时监管机构还出台了很多监管措施予以应对。但是，尽管政府和监管机构已经采取行动保护不知情的借款人免受发卡机构的影响，信用卡借贷现在已经有点不时兴了。一个销售点贷款人的全新世界已经出现，将"先买后付"模式带到了一个完全不同的水平。

早在2005年，三位有抱负的瑞典企业家想出了一个主意，可以让网上购物支付拥有更好的体验。塞巴斯蒂安·西米亚特科夫斯基（Sebastian Siemiatkowski）、尼克拉斯·阿德伯思（Niklas Adalberth）和维克多·雅各布森（Victor Jacobsson）用他们的创意参与斯德哥尔摩经济学院创业奖的竞争，但最后失败了，不过他们并没有气馁，一年后创办了自己的公司，名为克拉纳。

克拉纳的模式与信用卡公司的模式不一样。克拉纳拥有20万家商家，一旦消费者注册了这项服务，无论他们到哪一家商家的收银台，都会留下自己的电子邮件和送货地址。然后，他们可以从多种不同的选项中选择自己的付款方式，通常包括：分4次分期付款；分2个月支付，不计利息；30天延期付款，同样没有利息；参与长达36个月的融资计划（克拉纳将收取高达20％的年利率）。克拉纳在客户完成购物之后直接向商家付款，并承担客户不付款的风险。

可以说，克拉纳为网络世界所做的事情与美国运通等信用卡公司为商业街购物所做的事情一样，都采用三角模式。通过这种模式，它们与商家和购物者签约，但不与银行签约（克拉纳现在被正式认定为银行）。这与万事达和维萨使用的四角模式不同，它们只与银行签约，而不与商家和消费者签约。和美国运通一样，克拉纳通过向商家收取费用来赚钱，但费用较低，约为2％，而美国运通的这一比例则为3％至4％。[①]

从商业角度来看，克拉纳取得了惊人的成功，如今，该公司价值已经超过100亿美元。它的9000万消费者只需点击一次，经过一次快速的"软"信用检查，25秒时间就可以用借来的钱支付购物费用。注册或下载该应用程序的消费者会被告知，他们可以在哪里花掉他们借来的钱，而鉴于克拉纳的目标客户是现金短缺但热衷于服装的年轻人，这些钱主要用于快时尚和美容消费。对于拖欠还款的借款人来说，还有一个额外的好处，就是这些软信

---

① 虽然一些消息来源说它的佣金为3％至6％，但实际上，克拉纳的佣金收入约为其业务量的2％。

用检查不会进入他们的官方借款记录。

　　这种商业模式显然很受欢迎，但有人担心，这是否会特别鼓励年轻客户积欠他们无力偿还的债务。除了克拉纳，现在还有Clearpay、Laybuy、亚马逊和贝宝等公司也加入了这一行列。对于商人来说，这是个好消息。他们可以把东西卖给那些原本手头缺钱的人，而且不会给自己带来任何风险。此外，他们还可以通过（通常是广泛的）营销及全额支付服务获得额外的影响力。

　　如今，对我们许多人来说，无形支付已经相当普遍。但是，这并不是目前支付发展的唯一方向——它还想拓展自己的社交能力。你对和他人共享自己的付款细节有何想法？

弗吉尼亚大学传媒学助理教授拉娜·斯沃茨（Lana Swartz）花了大量时间对金钱和支付的关系进行了研究。你可能会纳闷，一个专注媒体研究的学者怎么会做这样的研究——除非你像她那样，将我们的支付方式视为交流方式，否则你将无法理解。如果你这样做了，你可能会相信，支付不仅关乎沟通，而且还关乎我们如何和在哪里进行互动。

斯沃茨以Venmo为例。对于美国年轻人来说，Venmo是目前首选的支付工具，广泛用于彼此之间的小额现金转账。这个免费应用程序已经从2012年每季度转账5900万美元，增长到2020年每季度转账350亿美元。此外，它还成功地将资金转移变成了一种青少年交流的模式。Venmo用户与他人"分享"自己的交易（默认情况下，与其他**所有人**分享；对于更胆小的人来说，只和朋友分享），让他们看到自己在何时和向谁支付了多少钱。

"Venmo不是一个钱包，而是一个对话工具！"斯沃茨说。Venmo声称，这种私人数据的公开分享是推动其增长的神奇因素，这让人想起了大卫·艾格斯（David Eggers）在其著作《圆环》（*The Circle*）中所写的著名口号——"分享即关怀"，他接着写道："隐私就是盗窃，秘密就是谎言。"

某种程度上来说，这个概念回到了最基本的层面：金钱是一种社会结构，支付是一种非常社会化的行为。从一开始，金钱就与数据联系在一起，正如斯沃茨所说："金钱就是记忆。"人类写作的第一个已知实例不是文学作品，它既不是诗歌也不是信件，而是记录所有权和债务的黏土板。支付需要留下记录，如果不生成记录，我们往往会遇到麻烦。对我们绝大多数人来说，现在想要进行不留痕迹的支付是需要费一些周折的。

这里有一个悖论。当我们用现金支付时，我们进行了直接的、面对面的交流，但我们的交易是没有痕迹的，因此是匿名的。相反，当我们以电子方式支付时，我们进行远程、去个性化的交流，而这些"对话"却留下了不可磨灭的记录。Venmo的模式就是通过公开支付对话，让电子支付重新变得个性化。

虽然你**可以**调整Venmo的隐私设置，但该公司（于2013年被贝宝收购）在收集数据源方面表现得非常好，已经拥有了5200万个用户。然而，尽管Venmo将数据作为其独特的卖点，但实际上并没有将数据货币化，而是以收取交易费的传统方式谋生（这种方式在第12章中讨论过），对所有卡和商业支付收取约3％的费用。

还有不少人认为，支付数据能够带来可观的收益，并将其吹捧为新的石油。他们的想法正确吗？如果正确，那么用我们的隐私而不是金钱来"支付"会是更好的选择吗？

事实上，他们不能这样做，至少在欧洲不能。美国监管机构对科技行业通过社交媒体获得个人数据的做法有些放任，但欧洲监管机构却采取了更为坚定的立场。欧洲对银行使用金融数据的态度更加严厉。以荷兰国际集团（ING）为例。2014年，该银行宣布将进行一项测试，看看是否能够成功地根据客户的支付数据为其投放广告。一场公共风暴接踵而至，荷兰数据隐私管理局和荷兰行为管理局均表示不同意，该行被迫放弃该计划。

五年后，荷兰国际集团再次进行尝试，这一次仅限于使用客户的支付数据来提供该行自己的产品和服务，显然，它的计划是在完全遵守数据隐私法规的条件下做这件事情。不管它怎样操作，似曾相识的一幕再次出现：媒体风暴加上议会质询和监管机构的拒绝。这一次，隐私管理局没有等到行为管理局提出意见，就写信告诉荷兰国际集团，这种方式简直是**禁止的**。

与之相比，亚马逊的做法是使用你的数据为你提供购买建议（如果你发现那些建议用途不大，请耐心等待，人工智能可能会对其进行改善），允许你在结账时借钱，并向你发送有关你之前看过的产品的提醒。银行有充分的理由抱怨其他人以它们不能用的方式使用了客户的数据。但在数据方面，它们有一个更大的问题需要担心，即开放银行业务。

开放银行业务概念源于英国竞争与市场管理局（Compe-tition and Markets Authority，CMA）2015年的一项调查，该调查发现"信息不对称"给了现有银行不公平的优势：因为外部竞争对手看不到相关信息，所以消费者正在遭受损失。简单地说，你的银行拥有很多关于你的信息。例如，通过查看你的支付记录，银行可能就会确定，你是会购买保险还是会购买投资产品。你的银行还能对你的贷款风险进行更好的评估。因为外部竞争对手看不到你的收入和支出，无法向你提供最优惠的条件，所以你往往只能接受你的银行提供给你的利率。

为了放松银行对数据的控制，英国银行业被迫转向开放银行业务。之所以称为开放银行业务，是因为你可以允许其他人访问你的银行数据，从字面上来说，就是让他们进入你的支付对话。[1]例如，如果你在另一家银行或金融科技公司申请贷款，你可以允许它们从你的开户行检索你最近的支付历史记录。

同年晚些时候，欧盟通过了类似的立法，但原因不同。有

---

[1] "开放银行业务"是由英国竞争与市场管理局授权的，是资本化的。然而，在世界其他地方使用该术语时，通常指的是非资本化的"开放银行业务"。（尽管令人困惑，）本书遵循这一约定。

传言称，其支付服务指令第二版（PSD2）[①]是对某一特定金融科技公司进行有效游说的结果。德国初创企业Sofort（意思是"立即"）是（或曾经是）所谓的"屏幕抓取工具"（screen-scraper）。这些公司都是使用客户自愿提供的登录码，通过软件从eBanking网站检索客户的账户数据，然后利用这些"抓取"来的信息为客户提供金融服务，包括账户聚合（你可以在一个屏幕上获得多家银行账户的信息）、账单支付和记账等。这类公司中最著名的应该是美国的Mint和Plaid。

Sofort在欧盟游说期间，通过从客户银行账户发起转账的方式，让他们能够进行在线购物。具体做法是，客户向Sofort提交自己的电子银行登录信息，Sofort将以其身份登录银行网站，发起支付并处理确认书。在该公司的业务启动并运行后不久，银行进行了一些改进，使得第三方代表其客户登录变得更加困难。Sofort大声疾呼，指责银行将竞争拒之门外。

第二版支付服务修订法案旨在为Sofort（当时已被克拉纳收购）等金融科技公司提供公平的竞争环境。该规定迫使欧盟银行允许第三方服务提供商代表客户发起支付和阅读账户的对账单。同样地，这些提供商也受到该规定的监管。该法规的出台还催

---

① 指修订后的支付服务指令［PSD2－指令（EU）2015/2366］。该法规建立在最初的支付服务指令（PSD）的基础上，该指令旨在协调整个欧盟的支付，增加泛欧洲竞争。

生了更多的首字母缩写词，要求支付启动服务提供商（Payment Initiation Service Providers，PISP）和账户信息服务提供商（Account Information Service Providers，AISP）在访问银行应用程序接口之前必须先获得许可证。[①]不管你怎么看第二版支付服务修订法案，监管这种所谓的屏幕抓取活动似乎是个好主意，因为第三方对银行数据的访问看起来会变得肆无忌惮。美国的情况肯定是这样的，人们知道，这类屏幕抓取公司甚至会向对冲基金出售客户的数据。

无论起源如何，英国的开放银行业务和欧盟的第二版支付服务修订法案都是为了确保银行能够让第三方提供商在征得客户同意的情况下，代表客户安全、可靠、快速地使用银行的服务和数据。虽然第二版支付服务修订法案没有明确要求银行使用应用程序接口来履行这些责任，但应用程序接口无疑是最佳途径。这就解释了为什么这种应用程序接口访问会被称为（即使在英国以外）"开放银行业务"。

从韩国、新加坡到澳大利亚和加拿大，开放银行业务如今在世界大部分地区都已经成为现实。然而，在美国，开放银行业务

① 支付启动服务提供商应支付服务用户的请求，为他们在其他支付服务提供商那里持有的支付账户提供在线服务，启动支付订单。账户信息服务提供商将账户信息服务作为一种在线服务，提供支付服务用户在一个或多个支付服务商那里开立的一个或多个支付账户的信息。

计划还有很多工作要做。毫无疑问，这在一定程度上是因为美国有一个复杂的监管体制，为众多监管机构提供了参与和游说的机会。尽管如此，开放银行业务还是出现了。当然，作为消费者，开放银行业务对我们来说应该是有好处的。它将增强竞争，让我们能够获得更好、更便宜的服务，而不必转换我们的银行账户，当然，条件是我们接受它所提供的一切。

倘若你认为，每个人都应该对第二版支付服务修订法案和开放银行业务感到满意，那你就错了。首先，一些金融科技公司就会不高兴。欧盟的新模式需要银行的合作，而以前屏幕抓取公司不需要任何这样的合作——它们依靠的是软件。几家金融科技公司投资了该软件，并担心第二版支付服务修订法案会让它们失去优势，因为任何人都可以做这样的事情了。

其次，对于开展这样的合作，银行也并不热心。它们最大的担忧之一是必须向第三方开放它们的支付数据。虽然银行自己也无法使用这些数据，但这样做可能会推动科技行业接管它们的领地。它们指出，在印度，统一支付接口已经使谷歌和亚马逊成功推出钱包，允许客户通过应用程序接口访问银行账户中的资金，进行线下和线上支付。这些银行担心，在未来，当前以银行为中心的模式可能会发生逆转：支付将不再是它们可以提供的、补充资产负债表业务的服务了。相反，支付将成为数据驱动平台的核心组件，向客户提供我们之前讨论过的支付数据。在这个可以说是它们最糟糕的噩梦般的未来场景中，银行可能会被取消公用事业的角色，承担维护基础设施的成本，而金融科技公司则控制着客户界面，并使用它们所获得的信息。

基于这种情况，银行很快为自己进行了辩护，声称与金融科技公司和科技巨头相比，它们被要求遵守的标准过于严苛。情况的确如此——至少目前是这样。近年来，监管机构对金融科技企业和技术普及给予了特别的支持，但如何对它们进行监管依然是其最为棘手的任务之一。银行无疑正受到严密的监管，但提供类似银行服务的非银行机构受到的监管通常没有如此严格。在银行看来，监管机构面临的棘手问题可能就是银行生死攸关的问题。

现在对银行要求的标准越来越高，它们不仅要适应对数据、市场营销和广告宣传要求的变化，还要适应对消费者信贷要求的变化，比如，欧洲银行在贷款业务方面就面临着严格的标准，但金融科技公司和科技巨头却没有——至少现在还没有。

德国的银行因此很快就指出，对于消费者来说，通过在其活期存款账户上透支来为冲动性购物融资，比使用克拉纳等"先买后付"公司提供的分期还款选项更加便宜（Sofort被克拉纳收购之后，德国的银行更为担心）。欧洲大陆银行的利率与克拉纳的20％相比，通常更具优势——尤其是在欧元区，那里的透支利率通常设定在10％或更低。

竞争总是会达到均衡，但当这种情况发生时，银行是否会表现得更好却值得怀疑。金融科技公司思路敏捷，而且在许多情况下，它们还有足够的财力来作战。大型科技公司则同时具有这两种优势，此外，它们不仅拥有利用数据的商业模式，还拥有技能和规模来处理数千家银行的应用程序接口，开发和使用算法及人工智能来处理堆积如山的数据。坦白说，银行没有这个能力。

当然，谷歌和脸书等公司已经掌握了大量的用户数据，人们不禁想知道，支付记录是否真的会提高我们的生活成本。也许情况正好相反，这些科技巨头设想着将银行变成它们的子公司，为支付方式未来可能的发展提供保险，或者让它们的服务与金融系统的连接变得更容易。

谷歌收购高盛是一个有趣的想法，但现在还难以实现，因为在数据真正能够推动商业发展之前，有几个问题需要解决。首先是监管问题。正如《经济学人》2020年所说的那样，人们现在已经对"一小撮未经选举而产生的高管"操纵我们的在线对话表示担忧。科技巨头平台越来越热衷于为言论自由设定界限。毫无疑问，在交出我们的支付数据之前，我们或者我们的监管机构——或者双方——应该以某种设定标准的形式获得应有的保证。

其次，公众对大型科技公司的信任是另一个障碍。荷兰进行的一项调查显示，只有2%的消费者愿意与大型科技公司分享他们的支付数据，而只有不到5%的人表示信任提供支付服务的大型科技公司。然而，同样还是这些消费者，他们却信任脸书、WhatsApp和Messenger①，愿意将私人信息、对话和图像交给它

---

① WhatsApp和Messenger是两款知名的即时通信软件。——编者注

们，以换取这些服务的便利性。也许，解决这个问题只是时间问题——或者金钱刺激问题。

虽然大型科技公司有财力支持开发更多的消费者服务项目来换取支付数据，但苹果支付、亚马逊支付和谷歌支付（经过多次失败后重获新生）背后的商业模式似乎并非基于数据应用，当然，这并不意味着它们**将**永远不会以数据应用为基础。技术人员在获得市场份额之后如何处理我们的支付数据，仍然是一个悬而未决的问题。例如，谷歌就通过其Tez支付应用（现在是谷歌支付的一部分）在印度取得了巨大的进展，但迄今为止，谷歌尚未解释它打算如何从中赚钱。

大型科技公司有能力在十年左右的时间里开发产品，扩大市场份额，然后再开始从中赚钱。它们可能寄希望于我们将来某一天会愿意放弃自己的隐私，但即便如此，其策略前提依然是我们的监管机构允许它们将我们的数据货币化——这不是一个既定事实。另一个它们不得不考虑的因素是地缘政治，因为欧洲和印度对大型科技公司持有特别严重的怀疑态度。

第 22 章
中央银行数字货币

你脑海中的典型中央银行家是怎样的？或许，谨慎，而不是速度，往往是他们的做法。他们喜欢研究、调查、沉思、思考、评估、理解、测试、试验、推测、发布与合作。因此，在大型科技公司入局数字货币浪潮之后，世界各地的中央银行仍然忙于应对这一挑战，探索创建自己的中央银行数字货币的前景。迄今为止，他们中的大多数都依然停留在发布讨论文件或者进行"概念验证"的阶段。然而，有些中央银行特别是中国人民银行已经走得更远，开始发行真正的中央银行数字货币（CBDCs）。

鉴于中央银行对货币的控制权，中央银行数字货币应该是一个潜在的游戏规则改变者。这有什么大不了的？中央银行数字货币可能是世界上最好的货币，具备比特币的一切便利特性——你可以在瞬间将其发送到任何地方的任何人，而没有任何价格

波动，因为该数字货币将以现行的记账单位计价。正如天秤协会
（Libra Association）后来才意识到的那样，如果我们都采用加
密货币的话，那它们就必须以国家货币单位计价，比如美国用美
元，英国用英镑等。与其他加密货币相比，中央银行数字货币的
风险更小，因为其价值将由发行它的中央银行担保。你可以把它
想象成一张数字钞票，无论谁持有它都有价值，而且可以在不
经过商业银行系统的情况下被传递下去。当需要真实的现金交接
时，一张中央银行数字钞票可以通过互联网，从一部手机发送到
另一部手机。

支持者认为，中央银行数字货币是许多问题的解决方案，包
括现金的消失。他们将其视为实物货币的数字替代物，或者是个
人直接持有中央银行货币的一种方式。对于那些可能会因为现金
消失而手足无措的无银行账户的人来说，中央银行数字货币应该
是一个福音，因为理论上来说，中央银行数字货币可以在不需要
银行账户的情况下提供货币的使用权。人们无须通过银行或者像
西联这样的汇款公司，就可以向其他国家的收款人发送数字美
元（当然，所有这一切都无法解决那些没有接入互联网或者合
适设备的人如何应对现金消亡的问题。稍后我们将回到这个问
题上来）。

中央银行数字货币还可以解决另一个令中央银行行长头疼的
问题：如何将利率推至远低于0的水平。在我们撰写本文时，有
几家中央银行正在这样做，而且更多的中央银行希望这样做，促

使我们花钱，而不是存钱。然而，尽管中央银行可以让银行对存款执行负利率，也就是说它们对账户持有人的余额**收取**利息，而不是**支付**利息，但人们可以选择以现金形式保存自己的财富。现金实际上支付0％的利息——没增多，但也没减少。中央银行数字货币将使中央银行能够对中央银行数字货币余额收取利息，这是它们用现金无法做到的，这使它成为一个可影响货币政策的目标工具。

如果你觉得这一切听上去太美好而不真实的话，那么，你的感觉是正确的，至少许多中央银行也是这么认为的。首先，加密货币是匿名的，因此为犯罪活动提供了便利。这种状况是各国中央银行力图避免的，而它们现在采取的措施是逐步淘汰高面额纸币。监管机构已明确表示，它们不会疯狂地创造类似大额钞票的东西，也不会容忍这些东西的存在。因此，中央银行数字货币需要能够追踪到真实的个人和企业，至少是政府当局或代理人，就像银行目前所做的那样。

其次，中央银行数字货币可能削弱商业银行。大储户（不在存款保险范围之内）可能更愿意将其银行存款转换为中央银行数字货币，尤其是在银行部门的稳定性不确定的时候，它们已经在2008年金融危机的高峰时期真实地经历过这种不确定性。这样的话，商业银行的流动性就会被吸走，致使其贷款能力下降，从而诱发挤兑，加剧危机。

此外，还有一些政治方面的原因。发行中央银行数字货币可能会导致"美元化"（人们开始将美元与本国货币一起或代替本国货币使用），尤其是在公民不信任本国货币的国家。这将是实体美元和欧元身上曾经发生的事情的数字化版本。正如第4章所述，有许多美元在拉丁美洲和非洲流通，许多欧元在东欧流通。

各国中央银行面临的挑战是，尽管不愿意直接介入并发行中央银行数字货币，但它们也不想被抛在后面——当然，也不希望那些"对手"中央银行或加密货币抢了风头。各国正在进行（并被广泛宣传）的中央银行数字货币实验就可以从这个角度来审视。各国中央银行正在寻找降低潜在风险的方法，例如取消匿名代币和限制交易规模等。但它们也可能希望准备好自己的中央银行数字货币，一旦竞争性货币有大动作，就可以立刻释放出来。

这些实验可能会揭示一个最大的未知数：人们将如何使用中央银行数字货币？他们是会将其视为一种好奇之物并用于有限的目的，还是会把它们当作更好的现金或者银行货币？这就把我们带到了关于中央银行数字货币的关键问题：它们是否真的比我们现有的选择更好？人们会把中央银行数字货币放在电子钱包或移动钱包里，用来支付和收款吗？他们会把收到的任何中央银行数字货币直接存入银行账户吗？毕竟，将普通钞票存入银行账户有很好的理由，而其中大多数理由也适用于数字钞票。

对于准备使用中央银行数字货币进行支付的人来说，这些货币应该比现有的支付方式更好和/或更便宜，有助于应对第3章中提到的三个挑战：风险、流动性和约定。

让我们从降低风险谈起。现金是一种无记名工具，所以，如果丢失或者被盗，那它就消失了。这同样适用于加密货币，谁持有私钥，谁就拥有钱。和现金一样，你也许更喜欢让别人来保护你的中央银行数字货币。虽然银行可能会破产，但大多数散户存款都会受到存款保险制度的保护。

中央银行数字货币必须克服的第二个挑战是提供流动资金。通常情况下，我们会把钱存到银行里，并赚取一些利息，而银行通过发放贷款赚取更多的利息。我们的存款提供了流动性，而这些流动性反过来又为我们的支付提供了润滑剂。但是，使用现金进行支付，则不会为任何人赚取利息。

中央银行数字货币的一个显著特点是，与现金不同，中央银行既可以为其支付利息，又可以对其收取利息。例如，它们可以每天每分钱增加1/365个百分点的价值，实际上每年向持有余额的人支付余额1％的利息。或者，作为实施负利率政策的一部分，它们也可以将价值按照这个数额进行缩减。

通过支付利息，中央银行可以把我们的钱存在中央银行数字货币里而不是银行里，这一做法变成了一个颇具吸引力的提议——我们可以在中央银行开立个人账户，并将我们的货币存放在那里。但支付利息会让中央银行承担贷款的负担，就像银行处理我们的存款一样。将中央银行转变为银行是一个比听起来更为激进的主张，虽然各国中央银行最近一直在大规模放贷，比如购买公司债券，但从长远来看，我们不希望由中央银行来决定谁能获得贷款，哪些公司可以借钱和可以借多少。各国中央银行也不想这么做（也可能有奇葩的例外）。

将现金存入银行的另一个原因是获取支付服务。你可以用银行账户里的钱向任何地方的任何人进行支付（只是方便程度不同而已，但没有银行账户的人除外）。这就是约定的意义所在。中央银行数字货币必须建立广泛的接受度，并能够实现现代支付需要的信息交换。当你递上信用卡或者在智能手机上出示二维码时，你就是在向商家展示你是谁。或许，中央银行数字货币不需要很长的公共地址（比特币就是这样），而是改用电子邮件地址或手机号码等别名。

建立共同约定需要系统和基础设施，包括交易双方交换信息的应用程序、用于安全存储的私钥、启动交易和访问分类账以检查交易记录的钱包、遵守金融犯罪法规的制度和程序、负责处理查询和投诉的客户服务中心等。"传统"支付行业目前提供许多服务，而中央银行数字货币可能会让这些服务变得更加便宜，但不会免费。

所以，这就是一个完整的循环：中央银行数字货币与现金真的非常相似，因为每个人都愿意并且能够使用它。该货币会提供先进技术所能带来的（几乎）所有优势，但对于那些不能或不愿数字化的人来说，这些优势则荡然无存。大部分资金可能仍然存放在银行里（或者看起来很像银行的供应商那里），像现在那样通过账面记录进行支付。中央银行数字货币也可以像现金那样存放在电子钱包里，在某些情况下，使用数字钞票进行支付可能比其他方式更受欢迎，因为它更便宜或者更方便。

我们可以讨论当前系统的效率，事实上，我们已经在前几章中描述了有关它的许多争议。但我们也可以看到，这个系统并非一成不变。因此，关键问题不是中央银行数字货币能否提供比今天的银行账户更好的支付方式，而是它能否提供比明天的银行账户更好的支付方式。

事实上，尽管中央银行一直在操弄中央银行数字货币，但新技术也为竞争对手打开了多条通道。在第10章中，我们看到了支付宝和微信让商家在商店里进行的支付变得既简单又便宜，以至于许多商家现在都放弃了信用卡终端。在第18章中，我们看到了贝宝、斯夸里和斯戴普都先后为小商家提供了比传统信用卡收单机构更方便（但不一定更便宜）的替代方案。而在第17章中，我们看到哈瓦拉、西联、智转账和阿戴恩等新来者为通过银行向国外汇款提供了更为方便（也更便宜）的选择。

这三个例子都瞄准了银行所提供的产品的主要弱点。银行开发支付产品是为了支持更高价值的支付，而流动性和风险是其中需要重点考虑的因素。新的竞争对手带来了更方便的低价值支付替代方案，不仅从银行拿走了部分业务，而且还打开了新的市场，即以前因缺乏方便的支付方式而无法进行的交易。

人们经常指出，这种变化就像克莱顿·克里斯坦森（Clayton Christensen）在《创新者的窘境》（*Innovator's Dilemma*）中所描述的那样：拥有新技术的竞争对手从低端进入，一步步成长，最终彻底取代之前的竞争目标。然而，这个类比并不完美，虽然新来者"一步步成长"获得了更大的支付份额，但现有的从业者——在本例中就是银行——还是受到一些重要因素的保护。第一，网络效应和客户惯性给了它们更多的反应时间。第二，在大规模交易中，风险和流动性更为重要。这对银行是有利的，一方面因为它们的产品更适合这些支付，另一方面因为风险和流动性会吸引监管机构的审查，而银行已经做好了应对这些审查的准备。

中央银行数字货币将如何在低端市场与现金进行竞争可能是一个有趣的话题，然而，现金本身正在遭受数字货币、信用卡、电子钱包以及支付宝和微信等运营商的排挤。银行主导的系统也没有停滞不前，也许它这样做只是为了应对来自中央银行、金融科技公司或大型科技公司的竞争威胁，但它的确在快速改进和创新。银行及其基础设施提供全天候服务的可能性越来越高，使我们能够随时在账户之间进行即时转账。而应用程序接口却能够让服务提供商直接进入银行分类账，更容易、更愉快地进行支付。此外，应用程序接口还提供了区块链技术能够带来的许多好处——或许，这也消除了我们对区块链的需求。

如果所有这些改进和创新都是通过"传统"技术实现的，那么，你真的需要加密技术来创建你的中央银行数字货币吗？将传统数据库与第11章中描述的应用程序接口相结合，你能得到相同的结果吗？①你真的需要中央银行数字货币吗？

也许需要，也许不需要，但未来支付的竞赛正在进行，没有人想成为最后一名。中央银行想要控制局面，银行想要赢利，科技公司想要发展。它们都知道，技术正在让"赢家通吃"的情景成为可能，虽然不是全球范围的，但至少在它们各自的后院是如此。

---

① 传统意义上，它不涉及共享分类账和加密。支付宝和微信使用的技术显然相当先进。

如果你是一个航空公司忠诚度计划的成员，那么，2020年你可能花过那么一点时间关注你积累的航空里程到底会变成什么样。如果你担心自己喜欢的航空公司即将被国有化或者即将倒闭，你可能还研究过该如何把这些"航空里程"花掉。如果你访问过该航空公司的在线里程商店，你可能会失望地发现，一台小型晶体管收音机就可以花掉你从巴黎到伊斯坦布尔的往返"航空里程"。

1981年，美国航空公司成功创建了该行业第一个客户忠诚度计划，随后几乎所有航空公司都开始效仿。到2018年，麦肯锡估计，客户账户中有超过48万亿千米飞行常客里程未被使用。这足以让世界上几乎每一位航空公司乘客用里程兑换一次免费单程航班。航空里程和积分计划之所以奏效，是因为它们将客户牢牢地套在里面。这些公司购买我们的忠诚度，并经常通过稳步增加奖励航班所需的里程数，或通过限制我们对忠诚度积分的使用，来摆脱它们的债务。作为乘客，我们别无选择，只能继续往前走。

忠诚度计划与"实物工资制"（truck system）颇为相似，实物工资制是一套将某种形式的消费与工人的雇用合同相挂钩的制度。通常情况下，员工工资以代价券形式支付，所谓代价券就是公司发行的、用来代替硬通货工资的"货币"或者信用卡，这些钱只能在雇主自己的商店里使用。有时，员工们还**可以**用代价券兑换现金，但很少会按面额兑换。

虽然实物工资制存在了几百年时间，但直到19世纪才成为一个重要的社会和政治问题。随着劳动法的出台和就业标准的提高，这些做法基本上被视为非法。例如，英国1831年《实物工资法》（*Truck Act*）和美国1938年《公平劳动标准法》（*Fair Labor Standards Act*）均禁止使用代价券支付工资。

代价券和航空里程的共同点是二者都是封闭的"货币"系统。尝试一下在天合联盟（SkyTeam）或星空联盟（Star Alliance）使用你在寰宇一家（OneWorld）的奖励里程，或者反向操作一下，看看你能得到什么。加密货币的发展及大型科技公司的参与，无论是在美国还是在中国，都将顾客锁定、开放系统与封闭系统的问题推到了前台。这是支付方面的一个大问题，毕竟，我们是依靠制度保持经济运转的。

凡是银行运行开放式"四角模式"（见第6章）的地方，大型科技公司都更喜欢使用封闭式系统。只要你的朋友也在脸书上，你就可以和他们自由交谈。如果你使用的是谷歌，那你们同样可以尽情畅聊。支付宝和微信是封闭的支付系统，在这两个系统**中**，与其他用户进行交易非常容易，但不能**跨**系统支付。使用同一个系统，你可以免费向朋友、商家甚至乞丐进行支付，但如果想把钱转到银行或者其他提供商的账户上，你将被收取费用。因此，许多中国消费者在支付宝、财付通和银行都拥有账户。

这与维持支付基础设施和开放网络的趋势背道而驰，这一趋势可以追溯到20世纪70年代初，当时，环球银行金融电信协会支付系统仍然是一个未实现的计划。直到花旗银行的竞争对手意识到"这只重达800磅的银行业大猩猩"正计划建立自己的电子代理银行网络时，这一切才得以实现。花旗银行的雄心壮志是其他银行从抽屉里重新拿出环球银行金融电信协会支付系统蓝图并着手建造的助推剂。当自动取款机问世时，情况也与之类似，花旗银行再次成为主角。直到20世纪80年代中期，花旗银行当时的首席执行官约翰·里德（John Reed）才最终向其他银行的客户开放了该银行在纽约的大型自动取款机网络——之前他刚刚成功地利用排他性，扩大了花旗银行在纽约市场的存款份额。

是什么促使企业保持其系统封闭而不是开放呢？答案并没有那么直截了当。事实上，它非常复杂，而且又把我们带回了第9章探讨过的网络效应。为了更快地发展，公司可能会选择开放网络，这样做可以为用户增加价值，因为他们现在可以将更多的人（社交媒体）联系在一起，在更多的网点使用他们的信用卡，以及/或者吸引更多持卡人进入他们的商店（信用卡网络）。一个很好的例子就是美国银行在20世纪60年代开放其美洲银行信用卡的方式，如第8章所述。

当然，企业也可以封闭其网络，将竞争变成一场"赢家通吃"的游戏。经典案例是录像带，VHS取得了胜利，Betamax被耻辱地击败（年轻读者可能不知道，在数字视频光盘和互联网出现之前，人们是使用录像带来观看电影的）。或者，在第三种情况下，大型运营商可能会认为，在短期内封闭网络，未来再长期开放，可以获得更多的收益。花旗银行一直不对外界开放它们纽约的自动取款机网络，直到其他银行不断将其网络连接在一起，形成一个在规模和密度上与其匹敌的开放网络之后，它才予以开放，被迫投降。

一般来说，规模较大的网络运营商比规模较小的网络运营商更能够从封闭网络的做法中获得收益。例如，某一支付业务公司禁止其中国境外商家与另一家支付业务公司签约，押注这些商家一定会选择拥有更多用户的公司。

从表面上看，封闭的网络会让客户的境况更糟。在自动取款机应用的早期，所有不同银行的系统都是封闭的。渐渐地，银行开始把自动取款机网络连接在一起，如今，你可以把（几乎）任何一张卡插入任何一台自动取款机，并取出现金。对用户来说，这显然是一个巨大的好处。但争论依然存在。封闭网络之间的竞争可以促进创新，就像环球银行金融电信协会的发展那样，如果没有花旗银行单独的行动计划，银行可能仍然还在相互发送电传。同样地，中国两个平台之间的竞争可能会确保它们在定价上保持竞争力，并促进其更快地创新。这最终可能会使消费者和商家比使用普通的开放网络受益更大。

此外，网络的"开放性"或"封闭性"并不总是二元的。支付网络可以是半开放的，这意味着它们**不会完全**阻止网络之间的转移支付，只是让它变得非常困难而已。长期以来，同一家银行内的转账或多或少是立即实现的，而向其他银行转账则需要更长的时间。大型收款人，比如公用事业部门，通常仍会在多家银行开立账户，以便能够立即看到顾客是否已经付款。

虽然关于公开与封闭的辩论一直都很有意义，但大型科技公司的出现却让其风险大大增加。这是因为科技行业的集中度远远高于银行业。如果你控制了一半以上的市场，那么推出一款赢家通吃的游戏并赢得比赛将变得更加容易，支付宝如此，谷歌和脸书也是如此。而即使在国内市场，银行的市场份额也远没有达到这一水平。（因此，像摩根大通这样的美国最大银行再次考虑封闭网络也许并非完全是巧合，因为现在的行业集中度比推出信用卡和自动取款机时高得多。）

开放式网络比封闭式网络更难建立和维护，因为它们需要拥有共同的标准（和共识）才能运行。前文提及的两种录像带格式之间的争斗实际上就是一场争夺标准的战争。开放封闭的系统——使它们彼此兼容——通常涉及从网络协议和信息格式，到定价结构和争端解决机制的所有标准化改造。尽管十分复杂，一些开放支付系统还是取得了巨大的成功。

自动取款机网络最初大多使用相同的标准和协议，所以将它们连接起来是完全有可能的。代理银行业务同样建立在一系列通用标准之上，这些标准涵盖了像银行识别码（ISO 9362）和国家/货币代码（ISO 3166/4217）等标识符、消息格式和通信协议、支撑支付流的法律框架、规则和市场实践。

信用卡的成功是通过严格的标准实现的，包括各个信用卡网络自身的标准以及它们之间的标准。在基本层面上，这些标准可以是普通信用卡的规格、磁条和芯片的工作方式，以及数据的格式化方式等。但与支付宝和微信不同的是，维萨和万事达还为商家提供多种选择，它们不强迫商家必须"二选一"。此外，由于它们的商家协议和消息格式非常相似，因此，商家很容易把两者连接在一起。它们不争夺商家，而是通过提供更高的交换费率来争夺发卡机构。这对发卡机构更有利，也让用户更方便，但当然（有时）也会导致消费者费用上涨。

监管机构对访问这些网络颇感兴趣，这一点可以理解。竞争主管部门面临着一项艰巨的任务，就是判定企业之间的密切合作何时对客户有利（例如标准制定和网络合作），何时不利（例如定价）。在其他行业中，比如电信和能源行业，它们就迫使其向较小的参与者开放网络，正如它们在"开放银行业务"和欧盟修订的支付服务指令方面所做的那样（见第11章）。

在这个广阔的战场上，监管者很难确定哪里需要或者哪里不需要更大的竞争。在前两年的一个案例中，某些当事方可能就在互相指责。澳大利亚四大银行认为，苹果公司对苹果手机"近场通信"（NFC）控制器——与收银台的信用卡终端进行通信的芯片——的使用施加了限制，使它们陷入了不利的地位，这非常不公平。2017年，它们向竞争监管机构申请与苹果公司进行集体谈判。银行希望其数字钱包能够使用苹果手机的近场通信，但苹果公司对此进行了限制，实际上是将该系统封闭起来了。让这些银行感到不幸的是，澳大利亚竞争与消费者委员会（Australian Competition and Consumer Commission）做出了有利于苹果公司的裁决，认为该技术尚处于起步阶段，银行强行进入近场通信将阻碍创新，减少竞争。

那么，这个理由如果放在今天是否仍然成立呢？答案将来自布鲁塞尔市中心一栋不起眼的建筑——凶猛的欧盟竞争总司（DG Competition）所在地，欧盟竞争总司可谓是欧盟委员会用来管理竞争的罗威纳犬。欧盟竞争总司一直对网络、科技巨头和支付感兴趣，在竞争问题上与中国和美国的观点截然不同。

令人敬畏的玛格丽特·维斯塔格（Margrethe Vestager）于2019年末再次担任竞争事务专员一职，其新的业务范围有所扩大，目前涵盖了数字服务。她一上任就明确表示，她已经把"吸数据的机器人真空吸尘器"——谷歌和脸书——纳入其视线。当新冠肺炎疫情暴发时，她敦促欧洲国家购买本国公司的股份，以避免外国公司收购的威胁。她在第一任期内还抽出时间开展了一两项调查，尤其是对苹果支付的调查。

苹果的应用商店已经取得了惊人的成功，其中有超过200万个应用程序可供下载。苹果提供的服务之一是通过苹果支付进行"应用内购买"支付，包括从免费到高级的应用程序升级、手机游戏填充"战利品箱"、从出版商处购买额外内容等。苹果之所以可以提供这项服务，是因为它有来自苹果商店存档的客户支付数据（通常是信用卡信息）。

你可能会认为应用程序开发者会欣喜若狂。是的，假如没有下列事实，他们应该有这样的感觉，这些事实是：苹果公司收取支付价格30％的费用，并或多或少地强制执行这项服务。苹果用户本可以使用自己的网站直接向应用程序开发人员付款，而不向苹果支付任何费用，但苹果禁止应用程序开发人员在应用程序中提及这一选项。这一做法效果明显，每年为苹果带来大约200亿美元的收益，约占公司总收入的7％。

2020年8月，事情发展到了顶点。苹果和谷歌（谷歌对安卓应用程序使用相同的方法）从应用商店中删除了流行的游戏《堡垒之夜》，因为其制造商鼓励用户直接付费以规避30％的费用。《堡垒之夜》制造商英佩游戏（Epic Games）随后起诉苹果和谷歌，指控它们违反了反垄断法。①这一时期，Spotify正代表数百万消费者发起一场大规模集体诉讼，指控苹果利用其权力通过收取30％的费用来提高其应用程序的价格。此后，欧盟委员会开始介入。

欧盟竞争总司将再次审视澳大利亚银行无法破解的近场通信难题。但维斯塔格准备把网撒得更大，调查另外两个与苹果支付相关的问题。首先，将苹果支付整合到苹果设备上的商业应用程序和网站中是否会扭曲竞争，减少选择和创新。其次，苹果支付是否在限制购买竞争对手的产品。我们关注这个案例，因为无论是开放的还是封闭的，欧盟委员会的调查结果都会影响到比苹果支付更广泛的支付领域。

维斯塔格也有自己的风格。2018年1月，在她对美国芯片巨头高通公司处以近10亿欧元罚款的第二天，亿万富翁投资者乔治·索罗斯（George Soros）在达沃斯世界经济论坛的年度演讲中提到了她："美国互联网技术垄断的全球主导地位被打破只是时间问题……监管和税收将使它们毁灭，欧盟竞争事务专员维斯塔格将是它们的克星。"

----

① 在遭到英佩游戏起诉之后，苹果公司在2020年11月宣布，从2021年1月开始，收入100万美元规模较小的开发商只需支付15％，而不是30％的费用。

第七部分

政治与监管

支付系统很重要，所以各国政府有很多理由去监管它们。有时，正如我们所看到的，这可能是由于各国在支付方式上的差异造成的，但它同时也反映出支付方式在我们生活诸多方面所处的中心地位。在任何一个国家，不同的政府部门对支付系统及其提供者都有着不同甚至相反的观点。支付监管似乎完全是一件和平的事情，但这个竞技场里已经人满为患，紧张局势可能会进一步升级。事实上，除了权力斗争和地缘政治摩擦，可以说，对支付的监管和任何政治惊悚片一样充满了阴谋。

之所以会出现这种紧张关系，一部分原因是支付系统对整个金融系统的运作方式至关重要，另一部分原因是不同的监管机构从许多不同的角度及不同的政府层面对其横加干涉。支付系统是全球金融体系中监管最为严格的领域之一，同时也是最不严格的领域。这种看似矛盾的现象可以从支付方式的本质来解释。除了近期引入的购买现金的最高限额，没有任何部门对买卖双方**如何**进行支付实施监管（除了必须在彼此之间进行交易的限制，以及所使用的付款方式对其施加的限制）。

支付时，我们当然可以选择一种完全不受监管的支付机制，但前提是另一方必须接受它。同样地，我们可以使用任何彼此认同的形式进行支付。毕竟，付款只是一种约定。这种矛盾性，再加上当前支付战争中主要参与者所设想的未来，使得一些（国内的和国际的）监管机构面临着与银行一样的"**如果……怎么办**"问题。

我们的经济依赖于支付系统，这就是为什么会有监管机构对支付系统进行监督。当局想确认，事情不会像赫斯塔特、北岩（Northern Rock）或雷曼兄弟那样失控；想确认，支付系统是在合理地运行，能够承受经济上和技术上的高峰和低谷；想确认，如果灾难发生，系统性风险可以得到控制；还想确认，备份是存在的——无论是物理的还是虚拟的，并且能够抵御有意或无意的攻击。

监管机构会检查数据的存放方式和地点，数据是否会被破坏，如果会，数据是否可以恢复；会考虑运营、网络和信贷风险，检查银行是否在技术和系统升级方面进行了投资，并对融资进行审查，以确保投资能够顺利进行；会进行考查、复核、审计，而且通常会对系统、系统操作员和参与者进行仔细挑选；还会——有时是以极快的速度——传播规则和指导。

在很大程度上，中央银行是负责人，因为长期以来这些机构一直居于支付体系的顶层。毕竟，我们的钱不仅止于它们，而且也始于它们——正如其在2008年和2020年所做的那样，在出现问题时它们必须能够提供至关重要的流动性。

我们说，中央银行"在很大程度上"管理着这些因素，因为上面列出的监管要求包括银行如何开展业务，这一领域通常由其他专门的"行为"机构进行审查。坦率地说，"行为担忧"是指确保银行不会欺骗客户或为错误的客户提供服务。在这方面，行为监管机构往往关注高级管理层和企业的行为、消费者权利、公平性、洗钱、金融犯罪和数据隐私，它们还窥探接入模式和定价，确保对参与的限制既不会损害审慎的安全性，也不会扼杀竞争。

政府往往会有专门的部门或监管机构来处理这些问题，每个部门通常在自己的专业领域拥有压倒性的权力。因此，它们也会发布影响支付运营商的规则，并检查和指导其行为。

在任何一个特定的国家，这种监管利益可能会波及数量惊人的各种官员。在美国，任何一家银行可能受到多达十家监管机构的监管。在欧洲，这个数字可能会更高。尽管欧盟已经产生了自己的覆盖欧盟的监管机构，但个别成员国的国家监管机构并没有放弃多少权力。①

中央银行似乎坚不可摧，但它们并没有完全控制支付系统，甚至面临着持续的挑战。人们经常指责它们与银行过从甚密，在确保竞争和消费者保护方面表现得不够强势。一位美国消费者权益倡导者的话令人印象深刻："批准成立美联储消费者保护局将为华尔街创造一条走狗，而不是消费者需要的看门狗。"谈到创新，特别是新的参与者，一些人认为中央银行与它们存在利益冲突。如果非银行参与者取得了成功，可能会从银行拿走一些业务或利润，从而削弱银行的韧性。鉴于中央银行在授权方面十分审

① 在美国，有美国财政部及其下属机构——海外资产控制办公室（Office of Foreign Assets Control）和金融犯罪执法网络局（Financial Crimes Enforcement Network），以及联邦储备委员会；然后是金融稳定监督委员会（Financial Stability Oversight Council）、联邦存款保险公司（Federal Deposit Insurance Corporation）、货币监理署（Office of the Comptroller of the Currency）、消费者金融保护局（Consumer Financial Protection Bureau），以及纽约州金融服务局（New York State Department of Financial Services）等州监管机构。在欧盟，银行和其他支付服务提供商必须与之打交道的监管机构有：欧洲央行，欧洲银行业管理局（European Banking Authority），欧盟委员会竞争总司，金融稳定、金融服务和资本市场联盟总司（Directorate-General for Financial Stability, Financial Services and Capital Markets Union）。欧盟成员国有自己的中央银行，也有自己的国内行为和竞争管理机构，有些国家还设有专门的支付监管机构，比如英国的支付系统监管局（Payment Systems Regulator, PSR）、数据隐私主管部门以及司法、网络和国家安全主管部门等。

慎，它们是否会倾向于保护银行免受竞争的威胁呢？或者，是否会为了保住自己的饭碗，而把支付系统留在银行里呢？

网络防御战场很好地说明了中央银行面临的挑战。在过去五年中，当局已经敏锐地意识到关键基础设施——电力、水、医疗和金融——在应对网络攻击方面的脆弱性。大多数国家都将这些关键基础设施的监督权交给了内政部（或其下属机构）。例如，美国对"9·11"事件的反应是成立了国土安全部（Department of Homeland Security，DHS），其任务包括反恐、边境安全、移民和海关、灾害预防和管理，此外，还负责网络安全。原则上讲，这意味着大型银行、金融市场和支付基础设施（人们认为它们都十分"关键"）将可能受到某些令人生畏、但不一定精通金融的机构的审查和监督。

各国中央银行看到了这一点，并在很大程度上成功地划定了自己的领域，将对银行和支付系统的监管范围扩大到网络安全。例如，英格兰银行开发了所谓的CBEST框架，以进行情报主导的网络安全测试。其中包括"红队"演习，在演习中，合格的信息技术公司——有时由经过改造的黑客组成——负责试图侵入金融系统。欧洲中央银行随后开始效仿，启动了一项名为TIBEREU的类似计划。穿着连帽衫的黑客与西装革履的中央银行行长厮混在一起听起来不太可能，但这一举措已经将对金融业的网络监管牢牢地放回了中央银行和财政部的手中，远离了国内安全部和内政部的控制。

　　然而，这些部门如美国国家安全局（National Security Agency，NSA）和英国政府通信总部（GCHQ）[1]，仍然在很大程度上参与金融部门的网络**保护**。它们不只保护本国机构。网络袭击发生后，它们对孟加拉国银行的计算机进行了系统检查（见第14章），结果发现该银行网络内部还有另外两个组织。其中一个显然是一名"民族国家行动者"，在被描述为秘密但"不具有破坏性"的攻击中窃取信息。通俗点讲，就是在从事间谍活动。

　　数据隐私管理部门也在密切关注金融部门的网络保护，尤其是对涉及支付系统的网络事件更是如此。环球银行金融电信协会在2013年艰难地学会了这一点，就在几个月前，美国吹哨人爱德华·斯诺登向一群记者泄露了一些有关美国国家安全局秘密全球监视计划的绝密信息。

　　在2013年9月一个安静的下午，巴西每周新闻节目《奇妙世界》（*Fantástico*）发布了一篇关于美国国家安全局监视巴西国有石油巨头巴西国家石油公司的报道。这一消息立即在巴西引起了轩然大波，但一些比利时记者却从一个完全不同的角度对这个故事进行了深入的挖掘。除了巴西石油公司，法国外交部、谷歌和总部位于布鲁塞尔郊外的环球银行金融电信协会也被美

---

　　[1] 通过其机构——国家网络安全中心（National Cyber Security Centre，NCSC）进行。

国国家安全局列为监视目标。当时，比利时媒体为斯诺登极具新闻价值的爆料做好了准备，因为一周前就有消息称，英国政府通信总部按照一项窃听计划，已经将目标对准了比利时电信公司（Belgacom）。

比利时是一个安静的地方，还不习惯成为洲际间谍活动的中心，这里更适合赫尔克里·波洛（Hercule Poirot）①而不是詹姆斯·邦德（James Bond），因此，当该国另一家公司卷入斯诺登事件的消息传出时，立刻成为全国性的头条新闻。比利时媒体酝酿的激动情绪通常不会产生国际影响，但却会波及比利时周边较小的邻国。

荷兰及时采取了行动，不久之后，荷兰数据保护局（Dutch Data Protection Authority）局长在国家电视台宣布，该机构将展开调查。由于环球银行金融电信协会的一个欧洲数据中心位于荷兰，因此荷兰数据保护局可以在该问题上主张管辖权。调查于2014年5月结束，其后发表的简短而不具新闻价值的声明称，该机构在环球银行金融电信协会没有发现任何违反安全规定的行为。

那么，谁**在**负责我们的支付系统？可以说，每个人都在负责，而又无人负责。说**每个人**都在负责，是因为银行面临着对

---

① 赫尔克里·波洛是阿加莎·克里斯蒂所著系列侦探小说中的主角，一名比利时侦探。

支付感兴趣或声称感兴趣的众多监管机构：美国联邦及各州的金融监管机构、欧洲的国家级和欧盟级的监管机构、行为和竞争主管部门、数据保护和隐私部门等。而说**无人**负责，是因为作为付款人和收款人，在支付时我们可以做自己想做的事情，想在哪里支付就在哪里支付，想怎么支付就怎么支付，想用什么支付就用什么支付，除非我们选择的支付提供商（如斯戴普或斯夸里）对我们可以做什么进行了限制，或者我们想用现金进行大额支付。

此外，还有像金融科技公司这样的非银行提供商，它们与银行的许多外包商和服务提供商一起，能够通过轻触监管沙盒和/或仅面临少许监管而进行操作。

这就是问题所在。如果虚拟海外非银行机构在支付方面比国家银行规模还大，那么，许多国家当局的角色和责任都可能受到损害，尤其是中央银行。但除了监管者的就业前景，谁拥有这些管道重要吗？在很大程度上，也许不重要。毕竟，公是公，私是私。但如果它们停止工作，或者这些供应商所在国与你的国家发生了冲突，这就非常重要了。你的国家的数据可能会被仔细审查或以某种方式被利用，对云服务的访问会受到限制，路由器和软件不能打补丁或者升级，加密也会遭到破坏。在极端情况下，整个国家的支付能力可能会被剥夺。奇怪的是，尽管目前人们对谁来建设第五代移动通信网络（5G）表现出了极大的担忧，但除了监管机构的声音，却很少有人对支付技术表现出同样的担忧。

国家之间也许不必为可能出现的问题进行争吵。兼容性就是一个眼下需要解决的重要问题。或许，你们国家主要的支付管道工（比如，一个信用卡网络或电子钱包提供商）中就有一个，其所在国的隐私法与你们国家不同，对言论自由的限制有着不同的看法，韧性标准较低，网络安全专业技能相对缺乏。

允许外国公司提供支付服务，各国将失去的不仅是对这些支付系统的控制，有可能还必须交出价值巨大的数据池，为竞争对手提供燃料，推动其人工智能发展的野心，从而危及自身的就业和收入。此外，还可能会抑制本国执法机构获取潜在重要信息或提供信息的能力，让外国机构不受司法程序的限制；还可能会让外国人拥有随意提高支付价格的权利。

随着地缘政治紧张局势的加剧，争夺跨国税收斗争的升级，以及支付变得越来越无国界，越来越依赖技术，争夺支付控制权的斗争已经开始。关于谁可以设计系统、代码必须在哪里编写和由谁编写，已经有了一些晦涩难懂的规定。到目前为止，这些措施往往还隐藏在充斥着细枝末节的文件中或者仍在闭门磋商中，公众无从知晓。但请关注这个领域，它可能会迅速膨胀，变得像5G那样充满变数。

据说，亨利·基辛格曾问过一个著名的问题："如果我想给欧洲打电话，那我应该打给谁呢？"这显然是一个虚构出来的问题，但它经常被布鲁塞尔那些推动更高程度集权的人提出来。然而，与基辛格关系密切的人表示，如果基辛格关心欧洲，那情况应该恰恰相反，他已经受够了与欧洲理事会主席的电话联系，因为他觉得此人无能且软弱。

如果基辛格想就支付监管"与欧洲对话"，那他面对的选择实在太多，无法确定把电话打给谁。除了欧洲各国的中央银行，还有欧洲银行业管理局、欧盟委员会和欧洲中央银行，更不用说不同的国家金融行为监管机构了。英国的银行可能不会觉得欠欧洲中央银行的人情（尽管欧洲中央银行表示，如果它们以欧元交易，那就不会是这番情景），但它们也不必感觉受到了冷落，它们有自己专门建立的部门，即支付系统监管局。

从欧洲消费者的角度来看，监管人员过多并没有造成不良后果。他们的信用卡在整个欧洲都能正常使用，而且大部分是免费的；他们有实时支付服务，银行转账、定期付款和直接借记可以在整个欧洲大陆自由且几乎即时地进行；其外汇兑换费用也被封顶而且非常透明。此外，还有很多实体银行、新兴银行、电子银行和电子钱包可以选择。

从欧洲投资者的角度来看，事情看起来并不是那么乐观。正如我们在第13章中看到的，欧洲银行的价格收益是世界上最低的，其收入增长与中国和美国的同行相比可谓相形见绌。你可能会说，不管怎样，欧洲投资者可以把钱投到非银行支付提供商那里。是的，可以，但除了几个著名的机构，他们应该会选择在中国或美国的供应商那里投资。

在欧洲银行目前还无法与美国和亚洲竞争对手的增长和规模经济相匹敌时，欧洲消费者如何能像在国内一样高效地在国外进行支付呢？从某种意义上说，问题中已经蕴含了答案：欧洲的支付定价已经被压得很低，而欧洲银行仍然留在国内。所以，欧洲银行遭受了双重的压力，由于费用封顶，它们无法收取（太多）支付费用，也无法降低成本，因为它们缺乏规模。

对于这种情况，银行和消费者需要感谢监管机构。早在2001年，欧洲银行一觉醒来发现自己有一个全新的监管机构。欧盟在2019年就计划推出数字欧元，并且新的欧元纸币准备在2021年年底发行。但欧洲的支付系统仍然顽固地具有国家色彩，向另一个欧元区国家汇款并不比向世界另一端汇款更容易或者更便宜。欧洲银行对在其他欧元国家自动取款机上取款和刷卡消费收取高额费用，在实物货币被引入之后，它们仍然打算继续这样做。对欧洲银行来说，失去这些外汇交易保证金已经够糟糕的了，如果还要放弃这些费用，那就更惨了。

对银行来说，不幸的是，这些费用让任职于布鲁塞尔欧盟官僚机构的许多外籍人员颇感烦恼。这些欧盟官员中有相当一部分保留了他们国家的银行账户，并使用外国发行的信用卡在比利时购物和提取现金。他们的许多信用卡在比利时根本无法使用，即使可以，也会被收取费用。

2001年12月，欧元纸币和硬币开始发行，而两周前，欧盟委员会对银行不思进取的表现感到失望，因此实施了支持欧元跨境支付的欧盟第2560/2001号条例。这个名字对你来说有可能没有任何意义，但如果你是欧洲人或者住在欧洲，这项规定将对你的口袋产生重大影响。它通过取消国内和跨境欧元支付——包括转账、使用自动取款机和刷卡消费等——之间的差价，确保银行对跨境欧元转账收取的费用与国内转账相同。而许多银行对国内转账不收取任何费用，因此，它们别无选择，只能对跨境欧元交易实施免费制度。欧盟委员会也明确表示，如果银行不迅速采取行动，创建一个真正的单一支付区，委员会就会采取更严厉的措施。

这让银行有点措手不及。它们已经习惯了欧盟以指令形式制定的新规则，而这些规则在生效之前必须首先转化为本国的法律。指令给公司提供了喘息的时间，也提供了更多的回旋余地。相比之下，欧盟法规会立即生效，并且不能按照本国的要求或利益来重新塑造。而银行也已经习惯与本国政府、监管机构和监管人员，而不是欧盟的相关各方打交道（并对它们产生影响）。从银行自身结构来看，它们一直在这样做，而且是在国家层面，它们是国家清算所和其他基础设施的董事会上的常客。它们的主张或游说活动由国家银行协会牵头领导。虽然有一个欧洲银行业联合会（European Banking Federation），但它是一个"协会的协会"，其成员是欧盟成员国的国家银行业协会而不是银行本身。令人困惑的是，它只代表大型商业银行，而储蓄银行和合作银行也分别有自己类似的欧盟联合代表机构。

欧洲银行也缺乏基础设施。1998年，52家最大的欧洲银行创建了欧洲银行业协会清算系统，这是一个清算大额欧元交易的转账系统，就像清算美元的纽约清算所银行同业支付系统（CHIPS）一样。①但欧洲没有处理小额跨境欧元转账的清算所，故像直接借记这样的活动只能在国家层面进行。

在一片混乱之中，2002年3月，来自支付行业的大约40名代表——包括大约20家银行、3个联合会以及欧洲银行业协会清算系统等基础设施行业——聚集在布鲁塞尔的一家酒店。在2天

① 该系统是美国最大的以美元为基础的资金转移系统。

的时间里，与会者敲定了欧元区单一欧元支付区（Eurozone's Single Euro Payments Area，SEPA）项目的深层管道。它们任命了自己的欧洲支付委员会（European Payments Council，EPC），并授权其创建一个泛欧洲信用转账和直接借记计划。银行拥有的欧洲银行业协会清算系统将使用其现有的Step2系统来清算付款。

欧盟委员会注意到了这一点，但显然没有过度关注，继续通过颁布进一步的法规和指令来维护自己的地位。2007年，支付服务指令①正式确立了支付服务提供商的概念，并将欧元区内处理转账的时间限制为两天。②它的第二个版本——支付服务指令2，我们在第11章提到过——随后于2016年出台，强制银行向第三方授予访问权，包括我们在第18章中谈到的新金融科技公司。现在，这些金融科技公司可以代表客户进行支付和余额查询，与银行直接开展竞争。

不仅欧盟委员会让银行及其说客忙个不停，欧洲中央银行也投入了大量精力用于支付系统的建设。欧洲中央银行于1999年建立泛欧实时全额自动清算系统，即大额中央银行支付系统时，就已经表明了自己在基础设施领域的雄心，准备将欧元区成员国的（有时差异巨大的）实时全额结算系统（见第16章）整合到一个

---

① 简称PSD，或欧盟指令2007/64/EC。
② 支付服务提供商是执行受监管支付服务的实体。

单一的网络中。

欧洲中央银行声称，作为新欧洲货币政策的一部分，泛欧实时全额自动清算系统还将在整个欧洲更快、更安全地进行大额支付。在欧洲中央银行着手对其进行改革之前，该系统还没有运行，原因是技术结构分散，缺乏信息技术一致性。甚至在该系统的第二代产品泛欧实时全额自动清算系统2（TARGET2）启动并运行之前，欧洲中央银行还宣布打算建立另一个系统，一个名为TARGET2 Securities（T2S）的证券结算系统。

欧洲中央银行毫不迟疑地指出（并赞扬），泛欧实时全额自动清算系统作为一个整合系统取得了成功，同时明确表示，它和其他监管机构不愿意袖手旁观，坐等支付领域的进一步融合。正如欧洲中央银行理事格特鲁德·汤普-古格罗（Gertrude Tumpel-Gugerell）2006年夏天在马德里的一次演讲中简洁地指出的那样，"如果市场失灵，当局有理由采取行动。"

简而言之，虽然欧洲的消费者被宠坏了，但其银行也被监管机构宠坏了，这意味着欧洲不是一个让企业在支付系统方面大展身手的理想场所。此外，还有收费封顶和令人担忧的其他监管限制、消费者的低收费期望、需要满足的众多监管机构和需要适应的多达27个成员国的习惯等。

当然，也出现了一些非银行的欧洲支付巨头。我们已经探讨过智转账，它通过将外汇障碍转化为商业机会而蓬勃发展；阿戴恩主要通过为海外电子商务巨头提供服务而茁壮成长；还有克拉纳，它通过将信用整合到支付过程中而日益强大。但它们只是例外。其实，大多数支付巨头来自欧盟以外的国家。

造成这种情况的部分原因是欧盟成员国顽固的国家支付习惯，以及来自法律、语言和地域方面的众多挑战。此外，或许也反映出私营部门的想象力还不够丰富。但是，由于对降低支付成本的偏好，欧洲立法和监管机构很大程度上更愿意选择既有系统并促进竞争，而不是从头开始建立自己的系统。支持这种做法的人认为这最符合欧洲人的利益；批评者则反驳，更强大的本土支付行业可能会为了自己的长期利益而提供更好的服务。

第26章

支付系统武器化

众多监管机构掌控过量支付系统的尴尬情景不只存在于欧洲，世界各地均是如此。你可能会问，**真的**有谁在主导支付系统吗？这一次的答案简洁明了，有。不管你喜不喜欢，主导支付系统的就是美国。

例子太多，不胜枚举，所以让我们来看一个戏剧性的例子，它让美国与其最大盟友欧盟产生了对峙，并导致第一个"地缘政治委员会"的诞生。2018年5月，特朗普总统宣布美国退出其前任奥巴马总统与伊朗签署的核协议。2015年，美国、法国、德国、英国、中国、俄罗斯、欧盟和伊朗经过艰苦谈判，最终签署了联合全面行动计划（Joint Comprehensive Plan of Action, JCPOA），它承诺解除对伊朗的制裁，以换取对其核能力发展的限制。该协议预示着最终与伊朗实现关系正常化成为可能。

伊朗银行一直被排除在全球支付系统之外，这也是伊朗寻求解除的制裁之一。美国和欧盟的做法是，禁止其金融部门处理进出伊朗的几乎任何交易，从而有效地阻止该国进入国际金融体系。伊朗希望得到保证，允许其重返该体系——这也是签署协议的**必要条件**。2015年奥巴马在任期间，民主党人处于选举的有利位置，而共和党人（其中许多人口头反对该协议）则处于混乱状态。可能会出现什么问题吗？

2018年伊始，人们很快发现，可能会有相当一部分事情出现问题。特朗普政府开始退出联合全面行动计划，而其他签署国则执意留在其中。欧洲签署国一致坚持该协议依然有效，从而与美国发生了直接冲突，而美国打算重新实施已经解除的所有金融制裁。欧盟金融部门因此进退两难。

因为欧洲公司受欧盟法律的约束，所以问题并未立刻显现。然而，欧洲实体进行的许多交易以美元计价，这意味着，这些交易必须通过美国清算系统及其银行才能完成。因此，就连欧洲金融公司无视美国的法令，也会受到美国的制裁，最终被排除在美国支付系统之外，无法为顾客提供服务。

在接下来的几个月里，外交车轮一直在超速运转。欧洲和其他大国首先试图确定特朗普会走多远，然后努力争辩，最终尽量减少影响。在特朗普掌权、约翰·博尔顿（John Bolton）领导国家安全委员会的情况下，欧洲金融部门知道自己的业务会被削减，但它们把希望一直保留到最后一刻。欧盟甚至制定了一项封锁条例，以保护欧洲企业免受美国的制裁，也许是希望——即使这样做没有给其金融部门提供法律保护——使其免受美国执法的影响，至少也可以给特朗普和博尔顿一个优雅的台阶下。[①]

但一切都是枉然。2018年11月，特朗普的财政部部长史蒂文·姆努钦（Steven Mnuchin）宣布重新实施奥巴马放弃的所有金融制裁，同时向欧盟表明，美国将毫不犹豫地对任何进行违禁交易的人采取行动。

欧盟在抱着最好希望的同时，也做了最坏的打算。就在欧盟金融部门从伊朗撤离之际，欧盟委员会公布了一项计划，准备设立一个专门机构处理与伊朗的非美元交易，同时避免违反美国的制裁法令。由外交官们设计的"贸易互换支持工具"（The Instrument in Support of Trade Exchanges，INSTEX），从理论上来讲，可以让欧洲公司继续与伊朗做生意，同时，欧盟也可以宣称自己坚持了联合全面行动计划协议的精神，而不是条文。

然而，令其颇为懊恼的是，该工具的设计师很快发现，即使不必通过美国银行系统，欧盟银行也没有兴趣与伊朗做生意。因此，贸易互换支持工具所能提供的最好服务就是作为一个分类账，其运行条件是：①欧盟进口伊朗商品的价值与欧盟出口伊朗的价值完全匹配；②这些商品都没有违反美国对进出口的具体

---

① 封锁条例旨在保护在美国境外开展合法活动的欧盟企业和个人、慈善机构或志愿机构免受美国与伊朗贸易相关的域外制裁的影响。

禁令；③欧盟银行很乐意贷记和借记欧盟公司之间流动的相关金额。这三个方面令外交官们感到失望。

成立一年后，贸易互换支持工具仍然处于闲置状态。一位观察者斥其为"小型地毯贸易商的功能失调保险工具"。直到2020年3月，法国、德国和英国才确认了贸易互换支持工具的第一笔交易，出口医疗物资以抗击伊朗境内暴发的新冠肺炎疫情。但是，数额太小，时间太晚。到那时，伊朗已经宣布它也将退出联合全面行动计划，并重启核开发计划。欧洲不是没有进行尝试，但事实证明，面对美国的制裁它显得无能为力。

一个国家怎么能够阻止世界上任何地方的其他两个国家进行交易呢？我们回到一个不可回避的现实：在很大程度上，支付是一个单一的全球系统。而在该系统固有的众多风险中，美国对展示其金融实力的热情便是其中之一，而且风险指数极高，但这让我们想起了25章中提到过的严肃问题：谁拥有、控制和投资我们支付背后的管道很重要。

即便如此，为什么其他国家的银行在处理与美国不搭界的支付时必须遵守美国的制裁法令呢？答案可以归结于美元及其在全球支付系统中的独特作用。美元是如此无所不能，以至于可以被用作终极禁令，阻止对手——个人、公司、国家——使用美元，实际上是将它们排除在国际支付体系之外。美国的制裁可能使被制裁目标无法开展**任何**国际层面的经济活动。

这在一定程度上是因为大多数国际贸易是以美元计价的。

环球银行金融电信协会对其处理的支付指令中所使用的货币份额进行测量，并定期发布相关份额的变动信息，每次测量的结果都是：几乎一半的国际支付是通过美元进行的。在贸易融资支付中，90％的交易使用美元。从某种程度上来说，美元扮演着全球标准的角色，就像英语一样，它为全球商业提供了一个共同的参考框架，一种通用语言。

美元还主导着外汇市场。它是几乎所有其他货币之间进行交换的全球中心。现在还没有一个可以进行直接交易的流动性市场，比如，用印度卢比兑换俄罗斯卢布。这也正是大多数货币交易都是对美元进行的原因。比如说，英国英镑持有者想要购买墨西哥比索时，会发现这是一项非常昂贵的活动，因为在这两种货币的交易市场中没有足够的买家和卖家。每英镑可能会换得25比索，但每25比索可能只能换得76便士，这些买卖价格之间的差异就是所谓的"价差"。如果先把英镑换成美元，然后再把美元换成墨西哥比索，它们会做得更好，这两个市场都更具"流动性"，利差更低。这进一步巩固了美元在外汇交易中的地位。

但美元的主导地位远不止这些。美元是其他国家保留外汇储备的货币。有贸易顺差的国家，如德国、日本和中国，大部分储蓄都以美元形式存在国外，其中大部分是购买的美国国债。当政府和大型企业在国外借款时，它们也倾向于以美元计价。为什么？投资者喜欢投资以美元计价的债券，因为美元支付的市场流动性最强，因此进行买卖时更容易。另一个原因是，即使债券发行国决定让本国货币贬值，但以美元为基础的政府债券也将保持其价值。与直觉相反的是，美元还被视为避风港。当雷曼兄弟银行倒闭，美国房地产和金融市场崩溃时，各行各业一片混乱，投资者把钱放在哪里了？美元里。

为什么投资者认为美元是安全的？部分原因是，他们知道其他人都知道美元安全。也许更重要的是，美国经济规模大、实力强、韧性足。国内仍有强大的机构，国外也有硬实力——美国在国防上的支出比排在其后的10个国家的总和还多。流动性也是关键。美国拥有迄今为止规模最大、最成熟的国内证券市场，因此，如果你不想把多余的美元存在银行，你还可以选择其他流动资产。①

随着世界储备货币地位而来的是"过度特权"。美国是唯一可以以本国货币借贷几乎无限金额的国家，这有效地保护了它免受贬值和投机者的影响。它还可以通过印钞的方法来偿还债权人，其他任何国家都无法以同样速度和数量做到这一点。

这种现象既不是最近才出现的，也不是偶然的。两次世界大战及其后的一些巧妙举措帮助美元取代了英镑，成为世界储备货币。美国很快便意识到储备货币地位所带来的强大力量。1971年，美国退出了金本位并使其货币贬值，时任美国财政部部长约

---

① 美国的证券市场和所有其他国家的证券市场加起来一样大。美国证券占所有证券市值的将近一半，即1800000亿美元中的850000亿美元。

翰·康纳利（John Connaly）在十国集团（G10）会议上发表了著名的声明："美元是我们的货币，但却是你们的问题。" 康纳利是一个直言不讳的得克萨斯人，1963年肯尼迪总统在达拉斯遇刺时，他和肯尼迪坐在同一辆车里，还躲过了两颗子弹。毫无疑问，他已经注意到，自那以后问题只会变得更严重。

美元的另一个特权是，任何主要银行，无论来自哪个国家，都需要处理大量的美元支付。要做到这一点，银行需要获得美元流动性，能够进行清算，而这些只能在纽约银行间市场上获得和进行。如果一家银行想要开展国际业务，它要么需要一家直接参与大额美元支付系统的美国子公司或分行，要么需要一家拥有这种权限的代理银行。这或许可以解释为什么花旗银行和摩根大通是世界上最大的代理银行，因为它们享受主场优势。

无论你从哪个角度看，美元都在支付系统上给予了美国巨大的影响力，使其能够有效地阻止各个层面的交易。事实证明，该系统比其发明者所能想象的更有效，而且最重要的是，这是因为美元在支付中的地位导致的。举一个理论上的例子。假设一家德国供应商向伊朗出售完全合法的建筑设备，美国或欧盟没有任何制裁措施阻止它们出售货物，或者与它们心目中的买家打交道，那么它们如何拿到货款呢？

伊朗在欧洲 – 伊朗贸易银行（Europäisch-Iranische Handelsbank，EIH）中仍存有数亿欧元，这是一家为汉堡（大型）伊朗社区服务的德国银行，因此伊朗买家可以通过它进行支付。但现在不行了，因为现在没有德国银行会与这家银行打交道。该行所能做的最好的事情就是告诉供应商，资金已经到位，可以取走了。这家德国供应商可以开车去汉堡或法兰克福，从这家银行取出现金，放在几个公文包里，然后开车回到高速公路上。接下来它们需要向德国中央银行提供以下证据：该笔取款符合中央银行于 2018 年 8 月出台的在洗钱、制裁和恐怖融资方面的规定，毫无疑问，都是在美国的压力下制定的。

测试通过之后，德国供应商就需要处理装在一两个公文包里的现金了，即使在喜欢现金的德国，这也是一个问题。如果想要用这些钱支付供应商的货款和员工的工资，就需要先将它们存入自己的账户，但银行会（或肯定应该）询问这些钱来自哪里。当被告知它们来自一家伊朗银行时，银行将拒绝将其存入供应商的账户，因为这可能意味着违反美国的制裁法令。

因此，美国已经将其货币，以及最重要的，它对支付系统的影响力，变成了一个强大的外交政策工具，这种情况有时被称为"金融武器化"。尽管这符合数百年来贸易及其工具武器化的传统，但美国在这方面的历史更长。美国令人恐惧的海外资产控制办公室（Office of Foreign Assets Control，OFAC）的前身是海外资金控制办公室（Office of Foreign Funds Control，FFC），该部门于 1940 年德国入侵挪威后成立，目的是防止纳粹获取其占领国的海外资产。一旦美国参战，海外资金控制办公室就会冻结敌人的资产。

外国资产控制办公室进一步拓展了自己的能力，现在，它似乎拥有无限的权力来追踪付款和资金流动，并将个人或实体指定为对美国安全和外交政策的威胁。这些人被统称为特别指定国民（Specially Designated Nationals，SDNS）。一旦被列入该名单，他们的资产就会被封锁，所有"美国人"（一个广义的类别，远不止拥有美国护照的美国人）通常都被禁止与其打交道。美国还制定并调整了法律框架，将"坏"行为者绳之以法，处以罚款并坚持执行补救方案计划。但事实证明，这只是一个开始。现在，所谓的二级制裁已经出现，并且正在把事情提升到一个全新的水平。

一级（如果你愿意，也可以称为"普通"）制裁是禁止与和发行国有直接联系的目标进行交易，在这种情况下指的就是美国。例如，它们可能会阻止伊朗的石油交易以美元结算，和/或阻止美国实体与伊朗进行交易。二级制裁使一级制裁的效果更加明显，无论在何处的实体都可能成为二级制裁的目标，这纯粹是因为它们与被指定为一级制裁的实体有过接触。就像德国的那个例子一样，二级制裁可以有效地禁止任何地方的任何银行以任何货币与任何其他地方的任何银行进行支付。

当人们对"坏人"达成一致意见时，这一切都是好的。美国的努力有助于识别和遏制恐怖主义，追查其赞助者等——任何国家或者银行都不会想从事这种活动。当然，在这些问题上并不总是能够达成多边协议，这便是地缘政治紧张的来源。世界需要一名警察，但每个人都希望成为**自己**的警察。

　　除了现状导致的地缘政治紧张局势，事实上，围绕这些二级制裁的规则往往故意模棱两可，需要昂贵（而且往往不确定）的法律咨询。这种模糊性与美国财政部的影响力和昂贵且严厉的执法手段相结合，变成了一种完美的恐惧因素，从而导致"过度守法"（overcompliance）。美国最高法院尚未收到任何案件，相关规则和制裁也从未真正受到质疑。美国立法草案和类似法案中提到的许多终极威胁——比如将欧洲中央银行、英格兰银行指定为特别指定国民——似乎有些不切实际，但迄今为止也没有哪家公司敢以身试法。

　　是否像一些人，包括奥巴马的许多前制裁顾问所说的那样，频繁单方面使用这一强大武器会削弱它的能力？这可能以两种方式发生：第一，美元作为世界主要储备货币的地位加速消亡；第二，为受制裁的交易开发替代支付手段。第一种情况现在似乎不太可能发生。正如我们之前看到的，美元的力量取决于几个支柱，而这些支柱中的任何一个都不太可能很快倾覆。此外，还有一些网络效应（如第9章所述）需要抗衡：美元的价值很大程度上取决于这样一个事实，即每个人都将其作为全球记账单位和通用语言。然而，对这一立场的质疑并非无足轻重。

　　那么，第二种情况呢？这当然更有可能，但替代品的开发需要时间，而且几乎可以保证，美国会在过渡期间做好应对它们的准备。当美国退出伊核协议时，伊朗明确表示愿意接受加密支付作为替代方案。然而，它刚开始这么做，外国资产控制办公室就开始对此展开调查。现在，每当外国资产控制办公室将个人或公司添加到特别指定国民列表中时，还会发布能找到的任何相关比特币地址，警告比特币交易所和其他机构不要处理任何可追踪到其目标的资金。

你可以想象，一个平行的银行体系正在出现，它们之间只存在代理关系。然后，它们可以直接在彼此之间进行结算支付，而不必通过代理银行系统。

然而，任何参与这种平行体系的银行仍将受到美国二级制裁的影响，其中没有多少银行（如果有的话）愿意承担这种风险。只要美元继续掌权，这种情况就可能持续下去。要理解为什么，那就想象一下**现在就有**这么一个平行银行网络。这群"被社会遗弃的"银行会彼此哗啦啦转移受制裁的美元或其他货币，来支付伊朗石油的费用。因此，这些资金可能会流向外国的石油进口商，这些进口商可能会将其送回伊朗，从而完成闭环。到目前为止一切尚好，但鉴于美国拥有发达的金融情报能力，其中包括海外资产控制办公室和美国金融犯罪执法网络的数百名分析师，美国得到风声只是时间问题。所有相关公司，包括外国石油进口商都将面临二级制裁的风险。你可能很快还需要一个被社会遗弃的公司平行系统。当然，如果这些被社会遗弃的银行和公司与它们的"干净"同胞开展任何形式的业务，它们很快就会被加入美国的封锁名单。这不是什么一击致命的武器，但可能正是因为有了它，上述情况才没有发生。

这种情况有可能出现吗？如果美国做得太过分，也许真的会出现，但谁想要一个**没有**警察的世界呢？另一种选择也提出了一个不可避免的挑战，即确定谁来负责管理（并支撑）任何新的系统。中国、俄罗斯、印度会是什么态度？欧洲又会是什么态度？

欧洲已经明确表示，其追求的目标是让欧元成为一种与美元相当的储备货币和国际贸易货币。2018年，美国退出了伊核协议，引发了欧洲国家对自身外交政策、银行、支付甚至信用卡网络的主权的极大关注，而这也正是它们制定该目标的主要原因。一个新的欧洲信用卡网络已经出现，也许我们还会看到另一个贸易互换支持工具。然而，即使在制定更强大欧元和更大"战略自主权"的计划时，欧洲也表现得小心翼翼，避免激怒其北约伙伴。令那些希望所有人都不受制裁的人失望的是，欧洲明确表示，其首要目标是在制裁问题上与盟友美国协调一致。

似乎可以肯定的是，在其中一个选项成功启动之前，美国将继续在全球支付系统中发号施令。与此同时，地缘政治大师不妨像支付领域的人们一直在关注地缘政治那样密切关注支付系统，因为支付力量的变化可能会改变一切。

　　"我们一直在倒查。我们一直在追踪毒品以便找到坏人。如果我们追踪钱，结果会怎么样？" 通过改变做法，美国联邦探员罗伯特·马祖尔（Robert Mazur）及其团队破获了以巴勃罗·埃斯科瓦尔（Pablo Escobar）为首的毒品网络，这次行动导致85名毒枭和腐败银行家被起诉，并导致国际信贷商业银行（Bank of Credit and Commerce International）倒闭。作为世界上最大的洗钱银行之一，这家银行在78个国家设有分支机构。它的垮台不仅展示了支付追踪的信息提供能力，而且还证明支付追踪具有浓厚的政治色彩和国际特征。

　　自从"深喉"鲍勃·伍德沃德（Bob Woodward）在调查水门事件期间使用金钱追踪方法以来，它已经成为一件广受瞩目的事情。①在追踪金融交易方面处于引领地位的美国，已经形成了非常突出的能力。美国国家安全局除了负责监听，还在美国财政部设有两个部门——海外资产控制办公室和金融犯罪执法网络，第26章中已有描述。虽然两个部门只雇用了500名员工，其影响却遍布全球，还引发了税务稽查员做梦才能产生的那种恐惧。

跟踪资金不可避免地涉及追踪支付：资金"流动"的最初方式。通常情况下，当局正是通过追踪这些支付才发现了非法的金融活动，美国向外国银行开出了许多引人注目的罚单，针对的都是通过美元清算系统进行的国际支付。

美国并非唯一对资金流向进行追踪的国家，当资金在金融管道中蜿蜒前行的时候，世界各国都在忙于对其进行监控。但是，与美国相比，大多数国家都处于追赶状态，其中一些差距还很大。2018年欧洲最大的洗钱丑闻曝光之后，欧洲银行管理局将打击金融犯罪的工作人员增加了500％——从2名增加到了10名！

这8名被雇用的新员工应该感谢丹麦丹斯克银行。2018年9月，这家丹麦银行发布了一份针对海外分支机构洗钱的内部调查报告。调查集中在丹斯克银行的爱沙尼亚分行，这是丹斯克银行在2007年收购芬兰三普银行（Sampo）时继承的一家小银行。调

① 至少1976年的电影《总统班底》（*All the President's Men*）是这么说的。

查发现，该分行实际上起到了"自助洗衣店"的作用，在过去9年经手了2000多亿美元的可疑交易。例如，大约30亿美元的款项是由阿塞拜疆统治精英所拥有的一个基金支付的，其中一些资金通过塞浦路斯、英国和新西兰的空壳公司支付，据称，其他款项流向了欧洲政客和说客。

调查报告发布之后，丹斯克银行的首席执行官辞职。到2018年末，董事会和审计委员会的主席们也纷纷倒台。当该行被美国司法部还有丹麦、爱沙尼亚、法国、英国、欧盟以及其他国家的机构调查时，其股价下跌了一半。

丹斯克银行丑闻是一个教科书式的例子，展示了对潜在洗钱行为置之不理的后果。内部和外部的多次不当行为警告都被忽视，直到一位吹哨人出手之后，该行才最终被迫承认，导致了一系列旷日持久的调查、股价暴跌、最终忏悔、辞职、罚款及漫长的反思。

早在2007年，俄罗斯中央银行就警告丹斯克银行，三普的客户"一直在从事来源可疑的金融交易"。对于这一警告，该行似乎置若罔闻。更令人惊讶的是，4年之后，当爱沙尼亚分行惊人地创造了丹斯克银行11%的税前利润时——尽管只占其资产的0.5%，警钟依然没有响起。

2014年，事情开始变得活跃起来。爱沙尼亚分行的一名吹哨人提交了一份报告，称该分行故意与罪犯打交道。丹斯克银行进行了调查并建议停止为外国人服务，这些人中很多生活在

支付的故事

俄罗斯或者前苏联加盟共和国（因此引起了俄罗斯中央银行的怀疑）。但提议并未得到迅速执行。管理层和董事会发现，加快退出策略是"不明智的"，因为这可能会"显著影响销售价格"。因此，直到2015年爱沙尼亚金融监管机构敦促其停止为外国人提供服务之后，丹斯克银行才关闭了分行的大部分非本地居民交易活动。

2016年，丹麦监管机构开始介入，向警方举报称该银行未能发现并降低"其爱沙尼亚分行的重大洗钱风险"。痛定思痛，加之对可能发生事情的担忧，该行聘请了由美国前监管者组成的顶尖美国咨询公司Promentory参与调查，最终查到了爱沙尼亚分行的"控制和治理方面的重大缺陷"。不久之后，爱沙尼亚和丹麦展开了刑事调查，其他主管部门也相继参与进来。

有报道称，对丹斯克银行的罚款总额估计高达20亿美元，与此同时，一场完全可以避免的公关灾难发生了。2020年1月初，丹斯克银行发表了一篇关于过去十年丰厚回报的评论，题为"告别黄金十年，下一个十年会一样好吗？"。从公众对报告标题的反应来看，可以肯定地说，不会。

金融犯罪是一项大生意。据估计，2018年这一数字为58000万亿美元，占全球国内生产总值的近7％，其中约44000万亿美元与洗钱有关，其中又有近一半是各种类型的诈骗，约4500亿到6500亿美元是毒品贸易，另有16000万亿美元是假冒和盗版的收益，包括2160亿美元的盗版电影、音乐和软件，以及340亿美元

272

的假冒玩具。而价值3.5亿美元的假币，似乎无足轻重。这些数字不包括估计价值20000亿美元的贿赂和腐败，也不包括持续发生的43000亿美元的逃税。

你可能会认为，金融犯罪的大部分收益是通过难以追踪的支付方式（如加密、现金或哈瓦拉）转移的。实际上，这些支付只是问题的一小部分。对于数十亿美元的大额交易，你需要通过银行才能完成。大多数非法资金在某个阶段是通过金融系统流动的。

这种情况将银行置于打击金融犯罪的第一线，如果它们做不到这一点，惩罚将是巨大的，更不用说声誉损失了。在过去10年里，各国当局已经收取了大约360亿美元的罚款。其中，绝大多数（近80％）的罚单是由美国开出（并从中获利）的，210亿美元因为违反制裁，54亿美元因为洗钱。相比之下，欧洲几乎所有的罚款都是针对洗钱的——但洗钱和制裁犯罪之间的界限有时是模糊的，与制裁相关的违规行为最终都会涉及某种形式的洗钱或不当行为。

美国的数字规模不仅证明了美元在支付方面的实力，证明了美国对美元力量的积极运用（我们在第26章中探讨了这一点），也证明了美国对资金的灵活追踪能力，以及执行制裁和追究银行责任的决心。

美国有一大批部门协助开展这项工作，罚款由多个机构执行，有时会针对同一家银行。2012年8月，总部设在英国，但主要在亚洲、中东和非洲开展业务的渣打银行因违反对伊朗的制裁而受到纽约州金融服务局的调查。据了解，该银行是在纽约市金融服务局的许可下开展美元清算活动的，该部门威胁要在极短的时间内撤销该许可。在不到一周的时间，该银行结算了3.4亿美元。同年晚些时候，渣打银行又向外国资产控制办公室支付了1.32亿美元，向美联储支付了1亿美元，向纽约地区检察官办公室支付了2.27亿美元——所有这些罚款都是因为同样的交易。

2014年，法国巴黎银行同意支付89亿美元，就违反对苏丹、伊朗和古巴的制裁达成和解。其中，纽约市财政部收到22.4亿美元，9.63亿美元给了美国财政部海外资产控制办公室，4.48亿美元给了纽约地区检察官办公室。

美国的罚款通常伴随着"同意令"和"延期起诉协议"（Deferred Prosecution Agreements，DPA），银行据此承诺实施广泛的补救计划，并由当局任命的外部监督员监督。渣打银行就是这样。2014年，监督员发现该银行违反了延期起诉协议的条款，此后该银行又向纽约市金融服务局支付了3亿美元。

美国已经向被发现从事"支付剥离"（payment stripping）的银行执行了许多罚款。银行知道，当美元支付通过纽约美元清算系统时会受到制裁合规性审查，但因为试图阻止监管机构"跟踪资金"的努力，而隐瞒了向受制裁国家和客户支付美元的真实性质。它们的做法是，"剥离"支付一方的名称，在同一位置填入"我们的一个客户",依靠发票号码等参考信息,而不是姓名,让收款客户核对付款。

任何国家都不会希望其金融业为犯罪提供便利,大多数国家现在都更加重视这一点,但在一个国家内的犯罪行为在另一个国家并不一定违法。这让我们看到了因为犯罪(或者至少是犯罪所得)"出口"而产生的一个反常效应,货币在跨境时受到最严格的检查。也许这就是为什么在涉及非法融资时,大西洋两岸的当局都明显倾向于对本国以外的银行处以罚款。[①]在美国,目标主要是欧洲银行(汇丰银行、渣打银行、德意志银行、法国巴黎银行等)。

欧洲人对美国银行总是明显无过错而欧盟银行一直有罪感到有点惊讶,但很多时候他们需要感谢美国,因为正是它发现了谁从谁那里拿走了什么。欧洲国家在惩罚其他国家的银行方面也相当熟练。例如,2019年,法国当局对瑞士银行瑞银集团(UBS)罚款52亿美元,而比利时中央银行对英国汇丰银行罚款3.36亿美元。在这两起案件中,罚款的原因都是银行为东道国公民逃税提

---

① 美国已经向自己的大型银行开出了数十亿美元的罚款,原因是行为不当,尤其是不当出售抵押贷款支持的证券:美国银行(包括美林和美国国家金融服务公司,由美国银行收购)被罚560亿美元,摩根大通[包括贝尔斯登公司(Bear Stearns)和华盛顿互惠银行(WaMu)]因操纵伦敦银行同业拆借利率基准被罚270亿美元,而花旗银行出于同样原因被罚120亿美元。

供便利。不进行此类跨境罚款的主要是北欧国家和荷兰，但即便如此，2018年它们也曾对荷兰国际集团处以将近10亿美元的罚款，罪名是为洗钱提供便利。

虽然这些罚款数额巨大，但罚款并不是美国当局对欧洲银行的最严厉惩罚——为此，我们必须前往拉脱维亚。

2018年2月，拉脱维亚当时的第三大银行ABLV银行因美国财政部发布的一份简单新闻稿而倒闭，该新闻稿称其有证据表明该银行曾大规模洗钱。这实际上剥夺了ABLV银行获得美元资金的渠道，并引发了银行挤兑，不到一周，该银行就被迫进行清算并关闭。

这家名不见经传的拉脱维亚银行如何引起美国财政部的注意尚不清楚，但可能与该银行参与被称为"世纪盗窃"的案件有关。28岁的商人伊兰·肖尔（Ilan Shor）于2012年开始为这一目标铺路。他控制了摩尔多瓦的三家银行，担任最大银行的董事长，利用这一职位向与他本人和同伙有关的公司发放了一系列价值29亿美元的贷款。所需的流动性由摩尔多瓦国家医疗保险基金等的存款提供。

2014年11月下旬，也就是议会选举前一周，大约7.5亿美元被转移到了国外，其中大部分被转移到了之前未使用过的账户，这些账户由英国公司拥有，注册地址在俄罗斯和乌克兰，开户行却在拉脱维亚——包括ABLV银行。钱转移后的第二天，一辆属于Klassica Force公司（这家公司的所有人也是肖尔）的面包车运送12袋银行文件时被盗并被烧毁。

这些转移支付在摩尔多瓦3家银行的资产负债表上打了一个大洞，迫使摩尔多瓦中央银行介入。总的来说，据估计，这起欺诈案使摩尔多瓦3家银行损失了大约10亿美元，约占该国国内生产总值的12%。这起诈骗案引发了一场巨大的丑闻，并导致不少于77起司法诉讼，几名中央银行官员、前总理以及其他一些人入狱。ABLV银行在这方面的作用可能相对较小，但根据美国财政部的发现，它"将洗钱制度化为银行商业行为的支柱"，并参与大规模非法活动。

这应该是可耻的，但摩尔多瓦发生的事情并不是银行家们最终被判入狱的唯一一起非法金钱案件。2014年，西班牙国有银行班基亚（Bankia）向其高管、高级政客、政府官员和工会领袖发放了所谓的"黑卡"。该信用卡可以说是历史上最高级的信用卡，具有无须偿还和永远不受税务机关监管的终极特权，可用于支付从珠宝、内衣到家具和度假的一切费用。很多支付工具常常用于行贿，但这种支付工具本身就是为贿赂而生。丑闻爆发后，有消息称，该银行已经向大约85人发放了这种信用卡，共花费了1500多万欧元。该银行曾手动管理这些信用卡，并将支出隐藏在一个普通的"计算机错误"账户中。由于控制委员会中也有人持有这种卡，所以他们在其中也起到了一些帮助作用。被判刑的人中包括该银行行长、前政府部长、国际货币基金组织前总裁罗德里戈·拉托（Rodrigo Rato）。

清理黑钱需要协调一致的行动，即使有刚直不阿的员工和必要的控制措施，也没有哪一家银行或者哪怕一个国家能够独自做到这一点。在过去30年中，各国一直在协调打击非法金融活动，尤其是通过总部设在巴黎的金融行动特别工作组（Financial Action Task Force，FATF）。该组织由七国集团（G7）于1989年创立，旨在打击洗钱和恐怖主义融资。世界各地的银行和机构都必须（或应该）严格遵守该组织的"反恐怖融资特别建议"（Special Recommendations on Terrorist Financing）。

金融行动特别工作组既是决策者，又是监督者，还保存着高风险司法管辖名单（即"黑名单"），要求名单中所列国家和地区立即采取补救措施，并建议其他国家和地区在（或如果）与它们打交道时"采取应对措施"。"灰色名单"目前包括16个国家和地区，每个都有承诺解决的"缺陷"。

为了应对这一切，银行提高了自身对账户、交易和客户的监控能力。对于全球交易银行或者其他任何一家陷入险境的银行来说，现在的标准做法是租用软件、购买服务、雇用数千名金融犯罪合规人员，此外，还招募前美国财政部、美国财政部海外资产控制办公室或英国金融监管局的官员。

虽然前监管人员被推到前台进行正面宣传，但其他员工（可能）正忙于进行"充分了解你的客户"（know your customer，KYC）的审查工作。这些审查工作就包括追踪法人实体的受益人。他们通过检查控股公司的多个层面，对照受制裁个人和政治公众人物（如政府官员的家属）的名单，以及寻找媒体对其客户的负面报道来做到这一点。他们还对支付进行筛选，以确保其遵守多个国家发布的制裁法令。

这一过程的大部分工作是由过滤软件自动完成的，但这些系统往往会产生大量的报告，尽管大多数都是误报，但每一个都必须经过分析师的核验。不过，分析师的主要工作是提交可疑交易报告和寻找洗钱模式。有些可能很容易发现，比如一个小屠夫每周存款35万美元或经常从避税天堂接连转账。然而，被广泛使用的洗钱技术，即在其他情况下被视为合法的贸易流开出金额过高或过低的发票，更难被发现。此外，洗钱者在这场永恒不变的猫捉老鼠游戏中不断改变和调整他们的方法，使得这项任务变得愈加艰难。

那么，当美国海关特工罗伯特·马祖尔决定追踪资金而不是毒品时，他**最终**发现了什么？丹斯克银行案可能是欧洲最大的欺诈案，但与马祖尔30年前发现的欺诈案相比，可谓小巫见大巫了。1986年，他潜入国际商业信贷银行在佛罗里达州的私人客户部门，发现该部门正在积极向毒贩招揽生意。最著名的是，他在迈阿密组织了一场假婚礼，邀请来自世界各地的毒贩和国际商业信贷银行官员参加，而这些人随即遭到逮捕。

你无法弥补国际商业信贷银行信用卡造成的损失，"洗钱、贿赂、支持恐怖主义、武器贩运、核技术销售、佣金和便利逃税、走私、非法移民，以及非法购买银行和房地产……其官员和客户所能想象得到的一系列金融犯罪"。国际商业信贷银行的客户包括一大批恶棍——麦德林贩毒集团（Medellin cartel）、曼努埃尔·诺列加（Manuel Noriega）和阿布·尼达尔（Abu Nidal）等，不一而足。在美国安全机构中，国际商业信贷银行被称为"国际骗子和罪犯银行"（Bank of Crooks and Criminals International）。它们对其一直了如指掌，因为中情局自己就在该行持有账户，为秘密行动提供资金，而美国国家安全委员会在1986年伊朗门事件期间也曾利用该银行输送资金和武器。

经过遍布三大洲的一系列刑事调查、昂贵的诉讼以及被发现大约130亿美元资金去向不明，国际商业信贷银行最终崩溃，同时曝光了许多公众人物，其中就包括克拉克·克利福德（Clark Clifford）。[①]克利福德曾担任4位美国总统的顾问，也是林登·约翰逊担任美国总统时的国防部长，他在离开公职后成为第一美国银行股份公司（First American Bankshares）的董事长。作为华盛顿特区最大的银行，该银行最终被国际商业信贷银行通过代理非法拥有。令人感到尴尬的是，克利福德的律师事务所竟然被继续指定为该行的总法律顾问，并处理了其在美国的大部分法律业务。在调查过程中，克利福德向一名记者总结了自己的窘

---

① 德勤（Deloitte）公司作为国际商业信贷银行的清算人，起诉英格兰银行赔付10亿英镑，但未获成功，不得不赔偿7300万英镑的法律费用。

境："我面临一个选择，要么贪婪，要么愚蠢。"他选择了后者，但因为健康状况不佳，他最终逃脱了法庭的判决，他究竟属于哪一种人只能留给他的同胞来判定了。

第 28 章
无法支付：被排除在
支付系统之外

　　银行怎么会一直为错误的客户提供服务、处理非法付款，同时又支付巨额罚款呢？它们是由不道德或无能的人组成，还是面临着不可能完成的任务？总会有一些坏蛋，但在大多数情况下，它们都是后者，很少有银行愿意做坏事。大多数银行（如果不是全部的话）已经大大加强了打击非法活动的力度。但是罪犯们总会找到新的方法来藏匿他们的钱。目前，全球化趋势和新技术的应用使其能够更加容易地远程管理银行账户，并将自己隐藏在司法管辖宽松地区的法律实体身后。

　　与此同时，加强对银行的监管审查和实施实质性惩罚的努力产生了一个意料之外但意义重大的后果：将某些群体排除在银行体系之外。

　　美国和欧洲当局都认识到了这一问题，并一直在努力解决它。美国财政部允许银行自行决定接受异国身份文件，例如，允许银行承认墨西哥驻美国领事馆发给墨西哥移民的"身份"。[①]潜在的银行客户也一定**想**成为真正的银行客户，但来自银行和货币不那么稳健国家的移民缺乏对银行和货币的信任，这意味着许多人仍然对其保持警惕。

欧盟一直在通过其"支付账户指令"（Payment Accounts Directive）推动增加支付渠道，该指令规定，应当保障消费者能够得到一系列基本支付服务。除此之外，该指令要求银行向所有欧盟居民、寻求庇护者和其他可能没有居留许可的人提供基本支付账户。只有当客户未能提供反洗钱和反恐融资规则要求的信息，或者为客户开立账户会对国家安全和公共秩序构成威胁时，银行才能拒绝为客户提供服务。

这里可以清楚地看到金融包容与旨在**剔除**罪犯的严格监管之间的紧张关系。荷兰议会在讨论欧盟指令时，就有几位代表指出，一些群体已经无法获得银行账户。然而，议会能够确认银行现在会为这些人提供账户吗？或者，确认银行是否有可能声称这些群体中的人也许会被视为国家安全或公共秩序问题吗？

2018年，当大量叙利亚难民抵达荷兰时，问题更多，并且极端复杂，他们大多没有或者几乎没有证明文件。叙利亚受到严格制裁，银行不愿向叙利亚难民提供账户，以防其中某个人与极端

---

① 美国财政部依据的是《爱国者法案》（*Patriot Act*）第326条。

组织有联系。尽管如此，荷兰政府还是明确要求银行向难民提供账户，假如严格的"充分了解你的客户"程序进行得太慢而阻碍了为难民提供账户的速度，就应该暂停执行。

政治层面也存在类似的紧张局势。银行被要求对政治公众人物采取额外的筛查措施，并对他们进行密切监控。但风险状况可能会在一夜之间发生变化，今天的解放者似乎常常可能成为明天的压迫者。因此，银行业外交官们的行为具有极大的风险。

2010年，安哥拉驻华盛顿大使馆在美国的所有银行账户被关闭，使馆人员突然发现自己无法获得银行服务。考虑到大使馆与其本国政权之间的固有联系，银行发现大使馆的银行业务几乎不可能协调。但安哥拉驻美国大使馆并不是唯一遭遇此种情况的外交机构，其他35个大使馆也面临着类似的威胁。新闻界得到一封信，内容是摩根大通通知这些外交使团，将关闭为其提供服务的部门。对银行来说，这项业务不值得冒险。

由于无法进行支付，安哥拉大使馆立即向美国国务院和时任的美国国务卿提出上诉。美国金融监管机构及时澄清，它们希望银行向安哥拉大使馆提供继续使用支付系统的权限，并表示："金融机构有向外国使团提供服务的灵活性，但同时也要保持合规性。"

由于客户存在合规风险和负担（与任何明显的不当行为相反）而将其排除在外被称为"去风险"。与华盛顿那些不幸的大使馆一样，有几个国家的银行也发现，它们被自己的代理银行去风险了。这在一定程度上是因为银行的合规责任已经扩展到"充分了解你客户的客户"。实际上，这意味着代理银行现在不仅需要确保它们服务的银行是干净的，还需要确保这些银行服务的客户**也**是干净的。

代理银行总是很快就能看到风险回报率，现在它们通常会将整片整片的地区排除在其业务范围之外，因为它们觉得冒险与这些地区做生意不值得。由此带来的问题是，一些国家进入全球支付系统的渠道会受到影响。

例如，国际清算银行的研究就得出了这样的结论：2011年至2018年间，代理关系的数量下降了20％。金融稳定委员会同样会追踪代理关系的发展，并就此发表年度报告。它也发现，"在一些地区和司法管辖区，获得代理银行关系仍然是一个需要解决的关键问题。"

虽然涉及许多因素，但研究发现，可以明确的是，银行从腐败率高的国家撤出的资金多于从腐败率低的国家撤出的资金。至少，这表明风险有所降低。正如研究人员指出的那样，代理银行的退出可能会阻碍改善所有人获得银行服务的努力，提高跨境支付的成本，或将其转移到地下，而此时，技术可能会起到相反的作用。

虽然已经采取了几项措施，比如发布监管澄清、提高受影响国家的能力、采取措施降低合规成本，但金融稳定委员会已明确表示，如果情况进一步恶化，它将保留进一步采取行动的权利。

这些行动将是什么尚不清楚，不过，金融稳定委员会成员（主要是中央银行）很难推翻国家权威部门——执法机构、国家安全机构和其他机构——发布的法令。

与此同时，银行一方面面临着严格执行的金融犯罪监管，另一方面又面临着不能排除客户的政治压力。世界一侧的监管可能会与另一侧的政治同情心产生冲突。这是一个艰难的平衡，尤其是在要与贪婪的股东保持紧密关系的情况下，平衡就更难以保持了。这显然是一个严重的问题，但正如一位资深银行家曾经解释的那样，有时拒绝客户的艺术只是一定程度上的装腔作势。他在海牙担任分行经理期间，该市最臭名昭著的暴徒的女友走进他的银行，想要开立一个账户。这位银行家显然了解他的客户，他既不想做她的生意，也不想激怒暴徒，于是他灵机一动地说道："我们这里任何新账户都开不了，因为电脑限制了。"这个伎俩居然成功了。

后记
下一步是什么？

"那么，支付最终该何去何从？"

你可能会想，这是一个足够直截了当的问题，而在2020年的一次支付专业人士虚拟会议上提出这个问题的大型科技公司的高管无疑想寻找一个直截了当的答案。不幸的是，没有这种答案。考虑到事情变化的速度和利害关系，想要知道未来会发生什么是可以理解的。但要想对支付做出预测，即使是短期的，也很难做到。

过去十年中的许多关键发展似乎都是"无中生有"。谁能料到，两款超级应用就能使中国处理世界上大部分的电子支付业务？谁会想到，手机会改变发展中国家获得支付服务的方式，或将全球三分之一的人口引入金融服务？各国中央银行会认真考虑一个没有现金的世界，并进行加密货币试验吗？或者，像维萨、万事达、贝宝、斯夸里和阿戴恩这样的支付服务提供商——其中一些十年前还不存在——未来的价值会超过大多数银行吗？

就在10年前，大型科技公司充其量还是中型科技公司。亚马逊的市值不到1000亿美元，脸书的市值约为250亿美元，两者都远低于世界上最大的银行。如今，脸书的市值接近8000亿美元，而亚马逊的市值超过了15000亿美元。换句话说，脸书的市值略低于全世界6大银行的总和，而亚马逊的略高一点。

现在推动支付方式变化的许多技术都只有十多年的历史。苹果手机在2007年才推出，而第一款安卓智能手机直到2008年才首次亮相。随着比特币在2009年的到来，加密货币应运而生。在这一年，云计算只是地平线上的一小片云（亚马逊在2006年推出了"弹性计算云"），而只有程序员知道应用程序接口是什么。

网络犯罪同样在更短的时间内从边缘走向主流。2013年，犯罪分子盗取信用卡上的数据时，只能进行小额交易。第二年，他们开始使用恶意软件，经过在多个国家的一系列攻击，窃取了10多亿美元。到2016年，他们对孟加拉国银行仅发起一次攻击，就几乎窃取了同样数量的资金。

大约在网络犯罪分子盯上电子支付的同时，美国开始对洗钱和逃避制裁行为展开力度空前的打击，将罚款从微不足道的数额一下子提高到顶天的水平。仅在2012年，两家英国银行——汇丰银行和渣打银行就同意支付近26亿美元的罚款，作为与美国当局就此类指控达成的创纪录和解的部分条件。

技术进步的影响尚未全部显现，但技术创新的步伐意味着更多的变化肯定会到来，其中很大一部分无疑是不可预见的。

我们会抵制一些改变。现金的消失就是一个很好的例子。全世界的平均现金使用率都在下降，但即使在最发达的经济体，消费者也还没有准备好就此与现金告别。

其他变化也将不可避免。像英国这样顽固抵制全国身份证计划的国家会迅速采用数字身份证——要么如此，要么被远远甩在后面。支付的地缘政治将变得更加丑陋。随着支付系统在如火如荼的第四次工业革命——以5G、物联网、大数据、人工智能和区块链为基础——中成为焦点，它也会成为世界超级大国之间技术军备竞赛的一部分。与金融业一样，支付数据和技术将在很大程度上被武器化。在我们写本书时，美国政府威胁要从苹果和安卓应用商店中下架微信应用。但这样做的不仅仅有美国人，限制也不仅仅针对私人企业。

中国的中央银行数字货币已经开始试点应用，深圳数百万消费者已经可以使用它。竞争不仅会发生在美元与人民币和欧元之间，也将在苹果、脸书与阿里巴巴、腾讯之间发生。极端情况下，你将无法在欧洲用美国手机支付或获得支付，反之亦然。在这种情况下，我们将在机场更换手机，而不是更换货币。

尽管地缘政治已经颇为动荡，但大型科技公司目前却在高歌猛进，部分原因至少是它们在支付方面拥有雄心壮志。亚马逊和谷歌等公司拥有技能和规模，能够以银行无法做到的方式从根本上重塑支付格局。但前提是：它们**可以**在多个国家或地区赚取丰厚的利润，并大规模提供解决方案。

欧洲、印度和中国采取的3项行动表明，要实现这一个假设有多么困难。2020年7月，欧盟委员会和欧洲中央银行宣布出台欧洲支付计划。该计划是一个泛欧支付系统和银行间网络，旨在与万事达和维萨相抗衡，并最终取代欧洲各国的支付方案。仅仅4个月后，印度支付监管机构就对任何第三方提供商（比如谷歌和亚马逊）参与的统一支付接口交易的总份额设定了30％的上限，并对谷歌和谷歌支付发起了反垄断调查。在那之后的几天里，中国相关管理部门阻止了支付宝母公司蚂蚁集团的上市计划——这原本会是迄今为止规模最大的一次公开募股。一个月后，它们进一步对蚂蚁集团的关联公司阿里巴巴展开了反垄断调查。3家监管机构的行动表明，无论这些支付服务商多么渴望拥有高效的技术驱动的支付系统，它们都必须纳入监管。

技术革命给支付领域带来的赢家通吃的动力正在让每个人增加赌注，尤其是随着现金使用量的减少。诚然，支付领域的区域性很强，这限制了全球平台的潜力，但网络效应和规模经济仍然可以在国内或地区市场发挥作用。正如我们所看到的，这对监管者来说是个问题，但对银行来说也是个问题。

你可能已经注意到，虽然这本书名义上是关于支付的，但它

的大部分内容都是关于银行的，因为无法把它们回避掉！你可能
还会认为，我们对银行业在支付中的作用所持的观点有些陈旧，
这不应该是一本为银行做辩护的书。但我们的确相信，银行在支
付方面有着重要的、不可替代的作用。尽管银行的形式可能会发
生变化，不一定是我们所知道的银行，也不一定是我们又爱又恨
的银行，但它们还是银行。

转移资金涉及风险，需要流动性，这两个要素将继续影响
支付，尤其是大额支付。大额资金流动（包括小额支付积累产
生的资金流动）需要相当大的流动性，并带来巨大风险。考虑
到涉及金额的巨大规模，很难想象国家或中央银行会容忍任何
人在没有银行资产负债表和良好监管的情况下处理这项业务。

因此，银行可能会保留推动支付的账户和存款，但它们提
供实际支付服务的角色和由此产生的收入显然受到了威胁。非银
行提供商正在做比银行做得（或本可以或本应该做得）更好的事
情。从活期账户中分离支付的真实前景可能会让银行沦为荣耀的
公用事业公司，它们最终将只能承担一些基本的银行业务，检查
其业务是否遵守了反洗钱规定；而非银行运营商则会利用客户界
面，获得许多商业机会。

这种情况将剥夺银行从支付中获得的大部分资金，从而无法
投资维护支付运行所需的基础设施。在这种情况下，国内监管机
构开始支持国内银行业巨头并非不可能，从竞争的角度来看，直
到现在这种情况都是不可想象的。与此同时，各国中央银行很可

能会效仿中国，推出自己的中央银行数字货币。

我们十年后的支付方式将在这些对立力量之间的冲突中形成，在这些力量中，创新符合审慎监管，技术与传统基础设施发生碰撞，数据机会与隐私权发生冲突，私人利润会转化为消费者利益、国家利益和地缘政治。

我们在生活的其他领域已经使用的工具和技术可能会被用于支付，全新的工具和技术也可能会出现。也许我们会看到新的悖论加入本书引言中提到的悖论中：支付变得越来越难以察觉——也许完全看不见，但却越来越重要。我们可能只在出现问题时才会注意到它的存在。

在幕后，政府和私营企业将争夺我们的数据和费用，某些人、活动或者国家将被纳入支付范围之内，或者被排除在支付范围之外。随着支付行为变得越来越不明确和更加抽象，理念分歧和地缘政治斗争将变得越来越明显，越来越激烈。支付技术的不同部分将成为引发争议的领域，如今是芯片、通信设备、手机、网络和货币，明天是什么，谁知道呢？

体验支付的下一次变革肯定是一次激动人心的旅程。为了这次旅程，我们需要做好最充分的准备，需要预知其中的风险，准备"期待意外"（我们希望这本书为你的这次旅程提供了必要的装备）。正如一则格言所说，只有税收和死亡是确定的——此外，还有支付。然而，支付远未走到尽头，它是一个没有结局的故事。因此，多往好处想吧。

致谢

首先，我们必须感谢我们的家人，他们经受了漫长的等待、无休止的旅行和（显然）"无聊"的谈话，以及与本书孕育和诞生相关的一切。特别感谢克里斯·欧文（Chris Owen），他花了大量时间（而且力求快速地）对本书进行了（用他的话来说）"润色"。

在这个世界上摸爬滚打了60年的我们需要感谢的人实在太多，无法一一列出，但我们知道你们是谁，我们感谢你们。我们还必须感谢那些阅读本书并提出宝贵意见的人：亚历克·纳卡穆利（Alec Nacamuli）、杰拉德·哈特辛克（Gerard Hartsink）、杜威·莱克勒马（Douwe Lycklema）、切尔·利森伯格（Chiel Liezenberg）、杰克·斯蒂芬森（Jack Stephenson）、奥利维尔·德内克（Olivier Denecker）、罗恩·伯恩森（Ron Berndsen）、保罗·泰勒（Paul Taylor）、乔安娜·班福德（Joanna Bamford）、多米尼克·霍布森（Dominic Hobson）和米切尔·费尔（Mitchell Feuer）。

如果没有埃利奥和汤普森出版社（Elliott & Thompson）的远见卓识，这本书不会出版。尤其是洛恩·福赛斯（Lorne Forsyth），他肯定从第一次收到的手稿（现在已无法辨认）中看到了什么；还有奥利维亚·贝斯（Olivia Bays），他带着这些手稿四处奔波，耐心地把它变成了现在的样子。谢谢你们两位，谢谢你们的团队成员。

最后，人们所写的东西往往是由他们所阅读的东西决定的，我们必须承认我们也是如此。感兴趣的读者会在我们读过、喜欢和借鉴过的书中找到与我们讨论过的主题（以及其他一些相邻主题）相关的系列文本。